INHALT

Kapitel 1: leben – lernen – respektieren   **7 – 22**

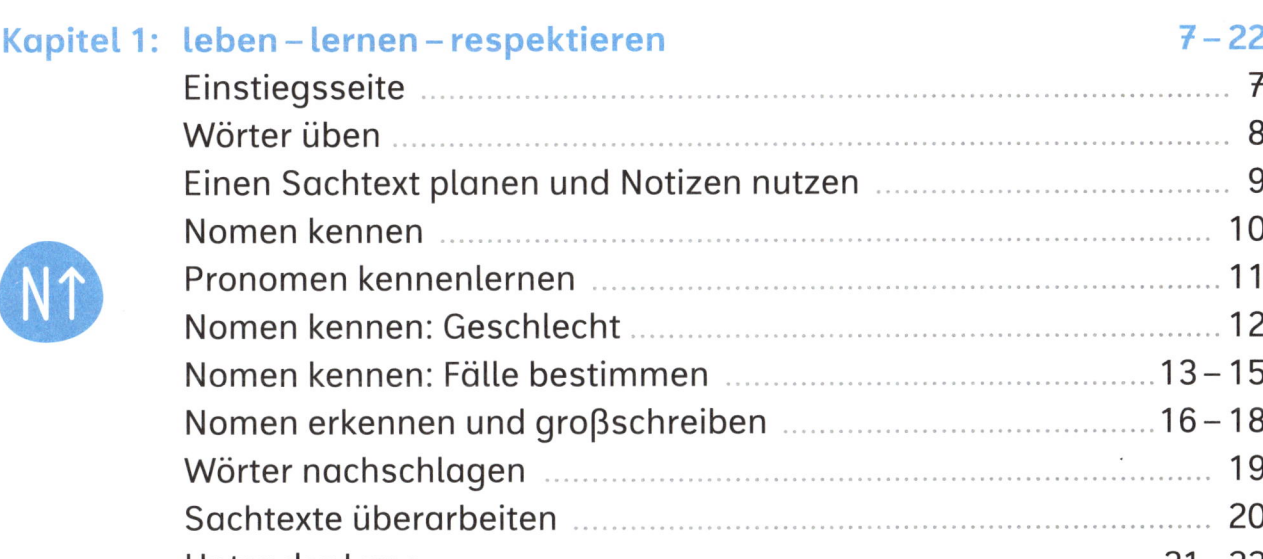

Einstiegsseite 7
Wörter üben 8
Einen Sachtext planen und Notizen nutzen 9
Nomen kennen 10
Pronomen kennenlernen 11
Nomen kennen: Geschlecht 12
Nomen kennen: Fälle bestimmen .... 13 – 15
Nomen erkennen und großschreiben .... 16 – 18
Wörter nachschlagen 19
Sachtexte überarbeiten 20
Unter der Lupe .... 21 – 22

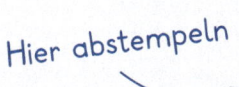

Hier abstempeln

Kapitel 2: essen – bewegen – genießen   **23 – 38**

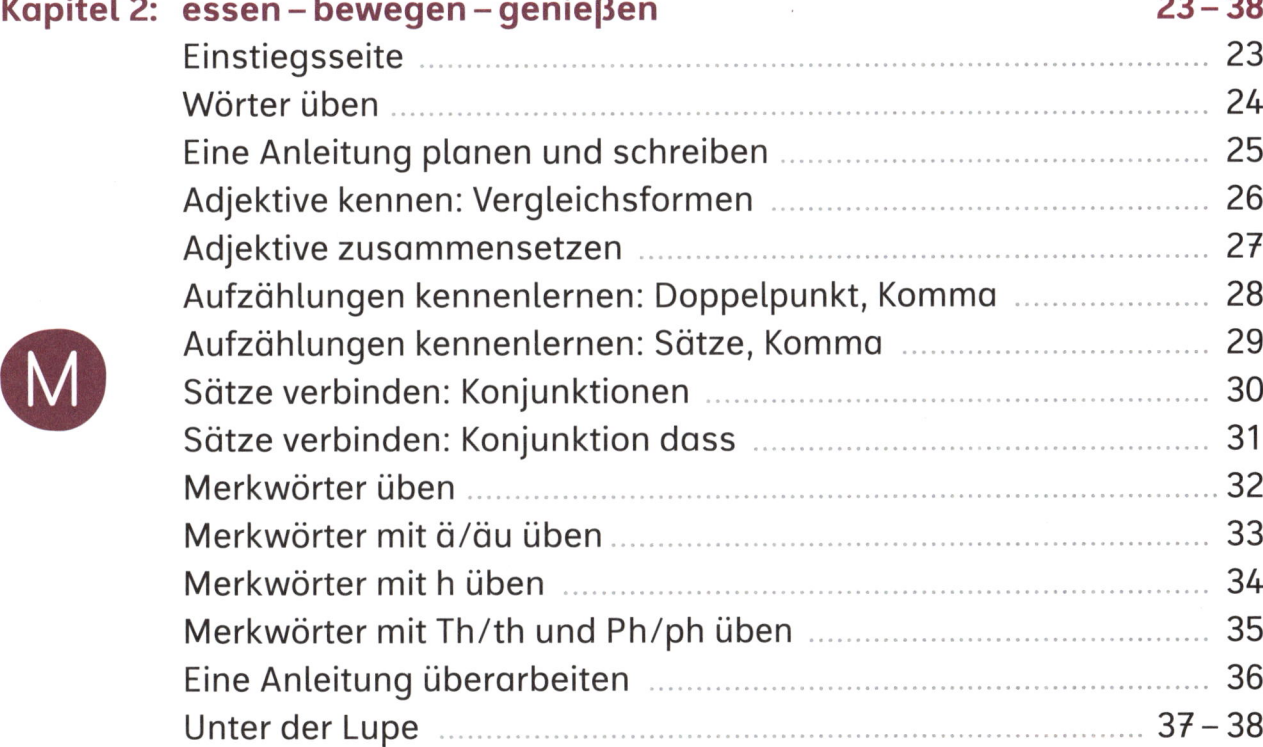

Einstiegsseite 23
Wörter üben 24
Eine Anleitung planen und schreiben 25
Adjektive kennen: Vergleichsformen 26
Adjektive zusammensetzen 27
Aufzählungen kennenlernen: Doppelpunkt, Komma 28
Aufzählungen kennenlernen: Sätze, Komma 29
Sätze verbinden: Konjunktionen 30
Sätze verbinden: Konjunktion dass 31
Merkwörter üben 32
Merkwörter mit ä/äu üben 33
Merkwörter mit h üben 34
Merkwörter mit Th/th und Ph/ph üben 35
Eine Anleitung überarbeiten 36
Unter der Lupe .... 37 – 38

Hier abstempeln

INHALT

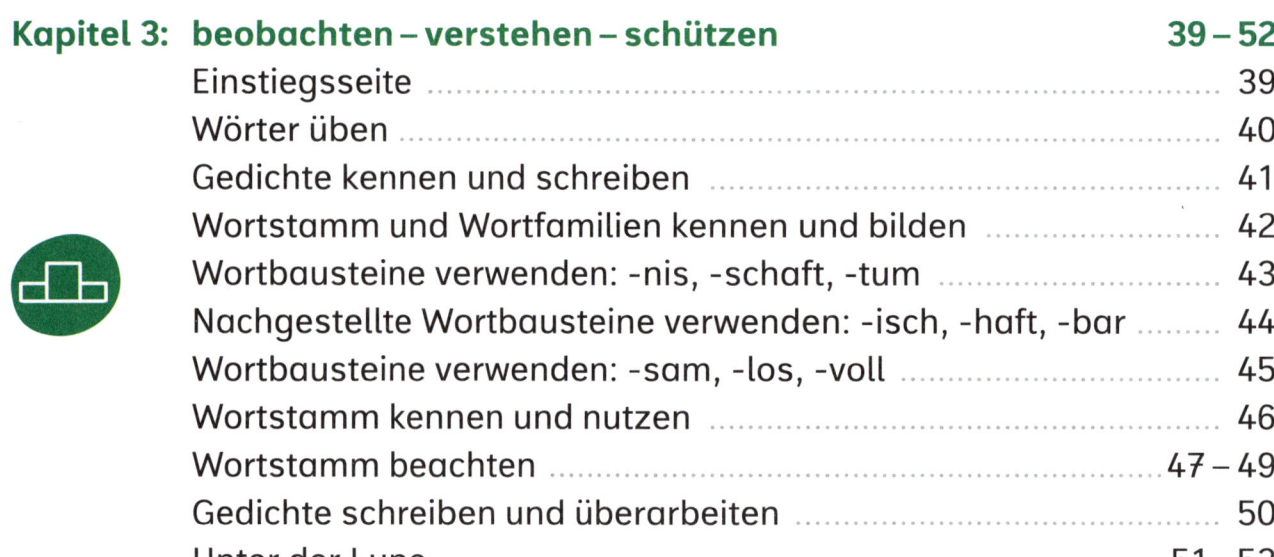

Kapitel 3: beobachten – verstehen – schützen   39 – 52

Einstiegsseite	39
Wörter üben	40
Gedichte kennen und schreiben	41
Wortstamm und Wortfamilien kennen und bilden	42
Wortbausteine verwenden: -nis, -schaft, -tum	43
Nachgestellte Wortbausteine verwenden: -isch, -haft, -bar	44
Wortbausteine verwenden: -sam, -los, -voll	45
Wortstamm kennen und nutzen	46
Wortstamm beachten	47 – 49
Gedichte schreiben und überarbeiten	50
Unter der Lupe	51 – 52

Hier abstempeln

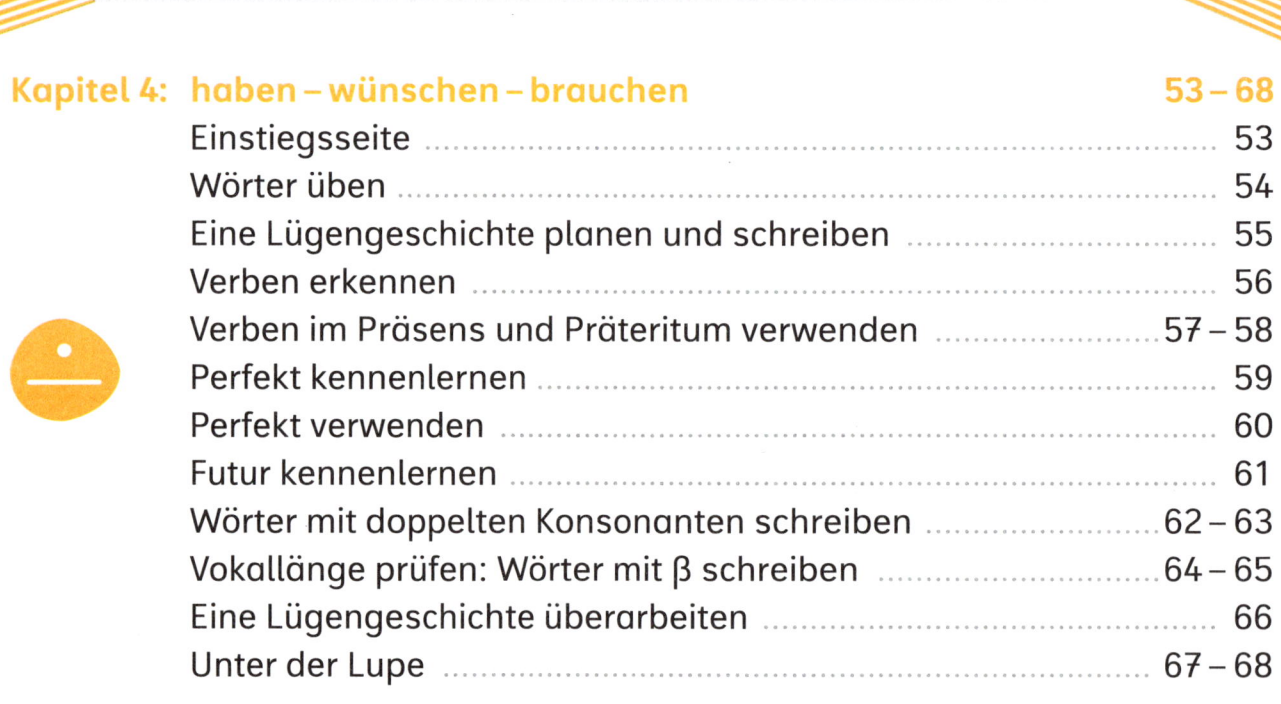

Kapitel 4: haben – wünschen – brauchen   53 – 68

Einstiegsseite	53
Wörter üben	54
Eine Lügengeschichte planen und schreiben	55
Verben erkennen	56
Verben im Präsens und Präteritum verwenden	57 – 58
Perfekt kennenlernen	59
Perfekt verwenden	60
Futur kennenlernen	61
Wörter mit doppelten Konsonanten schreiben	62 – 63
Vokallänge prüfen: Wörter mit ß schreiben	64 – 65
Eine Lügengeschichte überarbeiten	66
Unter der Lupe	67 – 68

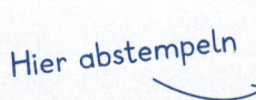

Hier abstempeln

INHALT

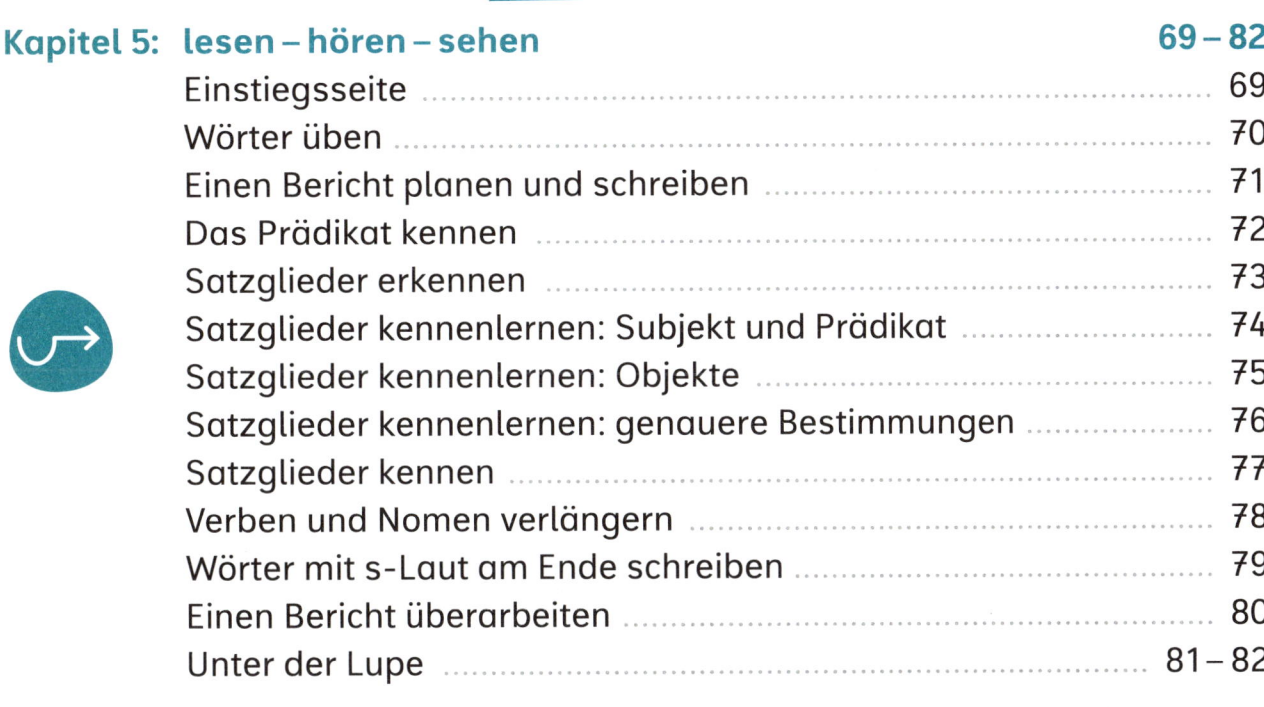

Kapitel 5: lesen – hören – sehen   69 – 82

Einstiegsseite 69

Wörter üben 70

Einen Bericht planen und schreiben 71

Das Prädikat kennen 72

Satzglieder erkennen 73

Satzglieder kennenlernen: Subjekt und Prädikat 74

Satzglieder kennenlernen: Objekte 75

Satzglieder kennenlernen: genauere Bestimmungen 76

Satzglieder kennen 77

Verben und Nomen verlängern 78

Wörter mit s-Laut am Ende schreiben 79

Einen Bericht überarbeiten 80

Unter der Lupe .... 81 – 82

Hier abstempeln

Kapitel 6: träumen – fragen – nachdenken   83 – 96

Einstiegsseite 83

Wörter üben 84

Ein Interview planen 85

Ein Interview planen und vorbereiten 86

Offene und geschlossene Fragen kennen 87

Ein Interview durchführen 88

Ein Interview überarbeiten 89

Wörtliche Rede kennen und verwenden 90

Wörtliche Rede mit nachgestelltem Begleitsatz kennen 91

Wörtliche Rede verwenden 92

Worttrennung am Zeilenende anwenden 93

Portfolio: Meine Zeit mit PASSWORT LUPE/Über mich 94

Unter der Lupe .... 95 – 96

Hier abstempeln

Ich heiße Elsa.
Mein kleiner Hund Uno
folgt mir auf Schritt
und Tritt – außer wenn
ich in die Schule gehe.
Dann bleibt er natürlich
zu Hause.

Hallo, ich heiße Lulu.
Meine Hobbys sind
Malen und Judo.
Außerdem macht es mir Spaß,
spannende Rätsel zu lösen
und Neues zu entdecken.

Hi, ich bin Paul.
Ich finde gern heraus,
wie Dinge funktionieren.
Das hilft uns auch manchmal
bei unseren Fällen.
Meine allerbeste Freundin
ist meine Hündin Murmel.

Hallo, ich bin Umut!
Ich erzähle voll gern
Geschichten – besonders
über unsere Detektivabenteuer.
Unsere Fälle sind nämlich
oft richtig cool!

Kapitel 1

leben – lernen – respektieren

1 Was interessiert dich?
Worüber möchtest du dich <u>genauer</u> informieren?

_____

_____

2 Wo kannst du Informationen zu deinem Thema finden? Schreibe auf.

_____

_____

3 Wie kannst du andere über dein Thema informieren?

_____

_____

_____

_____

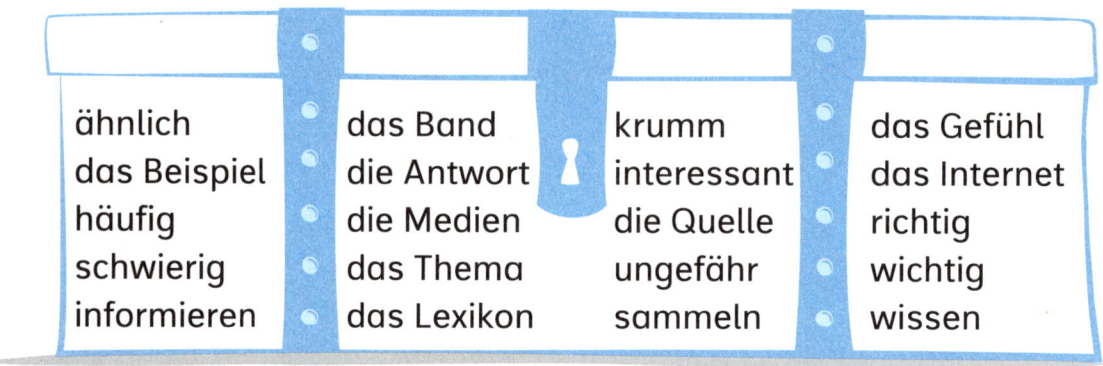

ähnlich	das Band	krumm	das Gefühl
das Beispiel	die Antwort	interessant	das Internet
häufig	die Medien	die Quelle	richtig
schwierig	das Thema	ungefähr	wichtig
informieren	das Lexikon	sammeln	wissen

1 Schreibe alle Nomen und Verben geordnet auf.

Nomen

_____

_____

Verben

_____

_____

2 Schreibe die übrigen Wörter nach dem Abc geordnet auf.

_____

_____

3 Vervollständige die Rätselsätze.

Die Aufgabe ist nicht einfach, sondern _____.

Die Lösung ist nicht falsch, sondern _____.

Es passiert nicht selten, sondern _____.

Das Buch ist nicht langweilig, sondern _____.

Elsa und ihre Schwester sehen nicht sehr unterschiedlich aus,

sondern sie sehen sich _____.

4 Schreibe einen Quatsch-Satz mit möglichst vielen Wörtern
aus der Wörterschatzkiste.

_____

_____

Einen Sachtext planen und Notizen nutzen

 **1** Lies die Fragen und die Informationen, die Umut beim Recherchieren gefunden hat.

1. Was ist ein Computer?

2. Wer hat den Computer erfunden?

3. Wann wurde der Computer erfunden?

4. Was bedeutet die Abkürzung PC?

Der Computer ist eine gute Erfindung. Der Erfinder des Computers hieß Konrad Zuse. 1938 erfand er die erste Rechenmaschine. Aber erst 40 Jahre später gab es Computer, die man sich auf den Tisch stellen konnte.

Ein Computer ist eine Maschine. Sie berechnet etwas aus Daten oder bearbeitet Daten. Jeder Computer besteht aus mehreren Teilen. Diese nennt man Hardware und Software. Mit dem Computer kann man zum Beispiel schreiben, lernen, spielen oder Musik hören. Der Computer wird abgekürzt oft auch als PC bezeichnet. PC bedeutet *Personal Computer*.

 **2** Welche wichtigen Informationen braucht Umut, um seine Fragen zu beantworten? Unterstreiche sie.

 **3** Schreibe Umuts Notizen.

Zu 1: _____

_____

_____

_____

_____

 **4** Schreibe aus den Notizen einen kurzen Sachtext über den Computer.

_____

_____

_____

_____

_____

_____

 **1** Kreise die Nomen ein.

(ZEITUNG) VIELLEICHT MOTORRAD EHRLICH QUELLE SCHWESTER
VIELE PALME KLUG SONNENSCHIRM SCHMETTERLING KLEIN

 **2** Trage die Nomen in die Tabelle ein und vervollständige.

Artikel	Einzahl/Mehrzahl	Schiebewort
die Zeitung	eine Zeitung, viele Zeitungen	die interessante Zeitung

 **3** Welche Merkmale von Nomen treffen auf die Wörter zu? Trage ein.

Himmel   Milch   Regen   Abenteuer

Achtung! Nicht auf alle Nomen treffen alle Merkmale zu.

Artikel	Einzahl/Mehrzahl	Schiebewort

› Merkmale von Nomen kennen und anwenden   › Sprachbuch, Seite 10, 11
› grammatisches Wissen für die Rechtschreibung nutzen

 **1** Überlege, was gemeint ist. Löse die Rätsel und schreibe auf.

Sie regelt den Verkehr mit Leuchtsignalen. Sie leuchtet entweder rot, orange oder grün. Es gibt sie für Fußgänger, für Autos und Radfahrer.

_____

Er zeigt die Himmelsrichtungen an. Er hat einen beweglichen Zeiger. Er hilft Menschen, den richtigen Weg zu finden, wenn sie sich verirrt haben.

_____

Sie löst den Schmutz auf unserem Körper. Dabei ist sie gut verträglich. Schon vor vielen tausend Jahren nutzte man sie im Orient, um sich zu waschen.

_____

2 Setze die passenden Pronomen ein.

Am Wochenende besuche ich meine <u>Großeltern</u>. _____ haben

ein schönes <u>Haus</u>. _____ hat ein blaues Dach

und viele <u>Fenster</u>. _____ haben grüne Klappläden.

<u>Mein Bruder und ich</u> sind gern dort. _____ spielen

am liebsten im <u>Garten</u>. _____ ist riesig. <u>Oma</u> backt dann

einen leckeren Kuchen. _____ ist die beste Kuchenbäckerin.

3 Ersetze die Pronomen sinnvoll.
Schreibe den Text so auf, dass man besser versteht, wer gemeint ist.

Die Brüder Jan und Tobi haben viele **Hühner**. Sie leben im Garten.
Einen eigenen Stall haben sie auch. Jeden Morgen müssen sie sie füttern.
Abends müssen sie zurück in den Stall. Sie müssen auch regelmäßig
den Stall sauber machen.

_____

_____

_____

_____

_____

 **1** Schreibe die männlichen, weiblichen und sächlichen Nomen geordnet auf.

> der Räuber   der Beweis   das Geld   das Versteck   die Lupe   das Seil
> die Beute   das Buch   die Polizistin   die Spur   der Täter   der Detektiv

männlich	weiblich	sächlich
der _____	die _____	das _____
_____	_____	_____
_____	_____	_____
_____	_____	_____

 **2** Lies die Sätze. Setze ein passendes Nomen aus dem Kasten ein.

_____ eilte schnell davon. Er trug eine dunkle Jacke.

_____ musste versteckt sein. Es war nicht aufzufinden.

_____ eilte schnell herbei. Sie nahm die Verfolgung auf.

_____ war unauffindbar. Sie war wohl gut versteckt.

_____ muss nah sein. Es ist aber schwer zu finden.

_____ unterstützt die Polizistin. Er kennt sich gut aus.

Die Pronom helfen dir dabe

Er / Sie / Es

3 Setze die Pronomen richtig ein.

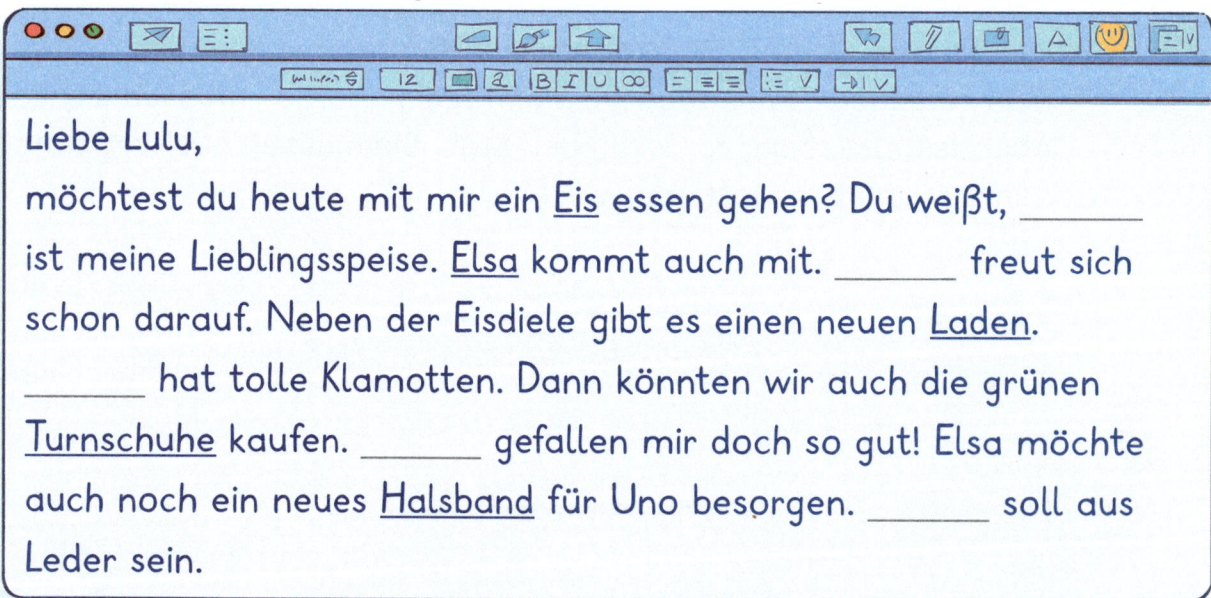

Liebe Lulu,

möchtest du heute mit mir ein Eis essen gehen? Du weißt, _____ ist meine Lieblingsspeise. Elsa kommt auch mit. _____ freut sich schon darauf. Neben der Eisdiele gibt es einen neuen Laden. _____ hat tolle Klamotten. Dann könnten wir auch die grünen Turnschuhe kaufen. _____ gefallen mir doch so gut! Elsa möchte auch noch ein neues Halsband für Uno besorgen. _____ soll aus Leder sein.

12
› Merkmale von Nomen kennen: Geschlecht
› sprachliche Operationen kennen und nutzen: Ersetzen
› grundlegende sprachliche Begriffe kennen: Geschlecht
› Sprachbuch, Seite 13

- Nominativ-Fall: **Der Detektiv** wartet auf mich.
- Akkusativ-Fall: Ich sehe **den Detektiv**.
- Dativ-Fall: Ich begegne **dem Detektiv**.
- Genitiv-Fall: Die Freude **des Detektivs** ist riesig.

1 Verwende die Sätze mit anderen Nomen. Suche dir zwei Nomen aus und schreibe die Sätze auf. Kreise die Artikel ein.

der Dieb	der Baum	der Hamster	der Tisch

Nominativ-Fall: _____

_____

_____

_____

_____

_____

_____

_____

_____

_____

2 In welchem Fall steht das Nomen? Mache die Fallprobe und schreibe auf.

Der Räuber schleicht unauffällig über den Markt. Nominativ-Fall

Der Räuber wartet auf mich. _____

Die Kappe **des Räubers** ist gelb. _____

_____

Dem Räuber fällt die goldene Uhr des Mannes auf. _____

_____

Die Detektive beobachten **den Räuber**. _____

_____

Die Polizei ist schon lange hinter **dem Gauner** her. _____

_____

Achte auf die Artikel.

› Merkmale von Nomen kennen: Fall
› sprachliche Operationen kennen und nutzen: Einsetzen
› grundlegende sprachliche Begriffe kennen: Fall

› Sprachbuch, Seite 14

13

- Nominativ-Fall: **Die Zeugin** wartet auf mich.
- Akkusativ-Fall: Ich sehe **die Zeugin**.
- Dativ-Fall: Ich begegne **der Zeugin**.
- Genitiv-Fall: Die Freude **der Zeugin** ist riesig.

 **1** Verwende die Sätze mit anderen Nomen. Suche dir zwei Nomen aus und schreibe die Sätze auf. Kreise die Artikel ein.

die Tafel	die Flasche	die Köchin	die Oma

Nominativ-Fall:

_____   _____

_____   _____

_____   _____

_____   _____

_____   _____

_____   _____

2 Nominativ oder Genitiv? In welchem Fall steht das Nomen? Mache die Fallprobe und schreibe auf.

Die Detektivin verfolgte unauffällig die Verdächtige. _____

_____

Die Taschenlampe **der Detektivin** funktionierte nicht. _____

_____

Die Verdächtige entwischte bisher jedes Mal. _____

_____

Die Spur **der Verdächtigen** führt oft ins Leere. _____

_____

› Merkmale von Nomen kennen: Fall
› sprachliche Operationen kennen und nutzen: Einsetzen
› grundlegende sprachliche Begriffe kennen: Fall
› Sprachbuch, Seite 15

- Nominativ-Fall: **Das Huhn** wartet auf mich.
- Akkusativ-Fall: Ich sehe **das Huhn**.
- Dativ-Fall: Ich begegne **dem Huhn**.
- Genitiv-Fall: Die Freude **des Huhns** ist riesig.

 **1** Verwende die Sätze mit anderen Nomen. Suche dir ein Nomen aus und schreibe die Sätze auf. Kreise die Artikel ein.

| das Mädchen | das Kamel | das Mäppchen | das Fenster |

_____ _____

_____ _____

_____ _____

_____ _____

- Nominativ-Fall: **Die Hühner** warten auf mich.
- Akkusativ-Fall: Ich sehe **die Hühner**.
- Dativ-Fall: Ich begegne **den Hühnern**.
- Genitiv-Fall: Die Freude **der Hühner** ist riesig.

 **2** Verwende die Sätze mit anderen Nomen. Suche dir ein Nomen aus und schreibe die Sätze auf. Kreise die Artikel ein.

| die Menschen | die Türen | die Katzen | die Steine |

_____ _____

_____ _____

_____ _____

_____ _____

 **3** Überprüfe, ob das Nomen im richtigen Fall steht. Streiche durch und schreibe es richtig auf.

Das Kind findet seinen Schlüssel nicht. _____

Die Detektive können **das Kind** bestimmt helfen. _____

Hat man **das Kind** seinen Schlüssel gestohlen? _____

Doch der Schlüssel **das Kind** ist in der Hosentasche! _____

› Merkmale von Nomen kennen: Fall   › Sprachbuch, Seite 16, 17
› sprachliche Operationen kennen und nutzen: Einsetzen
› grundlegende sprachliche Begriffe kennen: Fall

15

1 Mache die Busprobe und kreise die Satzglieder ein.

> Der dieb flieht durch die gassen in sein versteck.

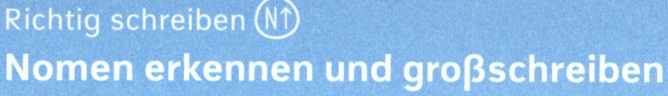

2 Schreibe den Satz mithilfe der Schiebewortprobe richtig auf.

_____

_____

3 Verbessere die Sätze mithilfe der Schiebewortprobe und schreibe sie auf.

Der dieb konnte eine armbanduhr und eine handtasche erbeuten.
Zu spät merkten seine opfer, dass sie bestohlen wurden. Schnell
riefen sie die polizei. Ein mann beschrieb den täter genau.
Die polizistin schrieb die beschreibungen des mannes in ihr notizbuch.
Wahrscheinlich war der täter jedoch schon längst auf der flucht.

_____

_____

_____

_____

_____

_____

_____

_____

4 Führe die Schiebewortprobe durch. Schreibe den Satz richtig auf.

| die detektive | schreiben | zu jedem Fall | einen bericht | auf |

_____

_____

› Merkmale von Nomen kennen und anwenden
› grammatisches Wissen für die Rechtschreibung nutzen
› Rechtschreibstrategien verwenden: Schiebewortprobe
› Sprachbuch, Seite 18

Die Schiebewortprobe hilft dir.

1 Entscheide, ob die Wörter großgeschrieben werden.
Schreibe die Wörter richtig auf.

Wir _____ gern knifflige Fälle.
  Lösen/lösen

Für das _____ der Fälle brauchen wir unsere Detektivausrüstung.
  Lösen/lösen

Die Hunde _____ viele Spuren.
  Verfolgen/verfolgen

Das _____ der Spuren übernehmen Murmel und Uno.
  Verfolgen/verfolgen

Das _____ von Hinweisen macht uns großen Spaß.
  Sammeln/sammeln

Zusammen _____ wir viele Hinweise.
  Sammeln/sammeln

Das _____ von Berichten gehört auch zur Detektivarbeit.
  Schreiben/schreiben

Wir _____ zu jedem Fall einen eigenen Bericht.
  Schreiben/schreiben

Davor _____ wir gemeinsam nochmal unsere Arbeit.
  Besprechen/besprechen

Manchmal bringt uns das _____ auf neue Ideen.
  Besprechen/besprechen

2 Schreibe mit den Verben **suchen** und **spielen** eigene Sätze auf.

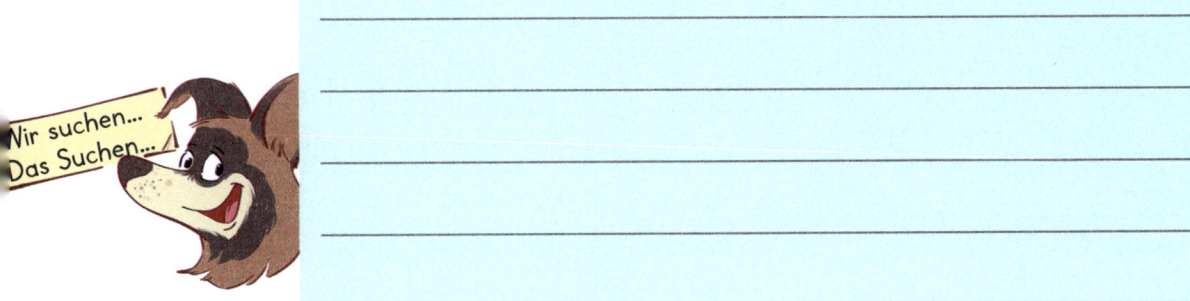

Wir suchen...
Das Suchen...

› Merkmale von Nomen kennen und anwenden
› grammatisches Wissen für die Rechtschreibung nutzen
› Rechtschreibstrategien verwenden: Schiebewortprobe

› Sprachbuch, Seite 19

17

Die Schiebewortprobe hilft dir.

1 Entscheide, ob die Wörter großgeschrieben werden.
Schreibe die Wörter richtig auf.

Das _____ an der Detektivarbeit ist die Lösung eines Falls.
Schöne/schöne

Umut malt zu jedem Fall immer ein _____ Bild.
Schönes/schönes

Paul findet Krimibücher sehr _____.
Interessant/interessant

Das _____ sind die verschiedenen Verbrechen.
Interessante/interessante

Elsa sind Krimibücher zu _____.
Unheimlich/unheimlich

Die gruseligen Verbrecher sind das _____ daran.
Unheimliche/unheimliche

Lulu findet sie hingehen sehr _____.
Aufregend/aufregend

Das _____ daran ist, wenn der Täter flieht.
Aufregende/aufregende

Das _____ sind oft die kniffligen Fälle.
Spannende/spannende

Elsa schaut lieber _____ Tierfilme.
Spannende/spannende

2 Schreibe mit den Adjektiven **wichtig** und **weich** eigene Sätze auf.

Das wichtige Buch ...
Das Wichtige ...

› Merkmale von Nomen kennen und anwenden
› grammatisches Wissen für die Rechtschreibung nutzen
› Rechtschreibstrategien verwenden: Schiebewortprobe
› Sprachbuch, Seite 19

1 Trage die Wörter an der richtigen Stelle der Wörterliste ein.

der **Stall,** die Ställe
die **Stange,** die Stangen
der **Staub**
staubig, staubiger,
am staubigsten

Strand

_____,
er steht, er stand

studieren

_____,
steiler, am steilsten

steil

der **Stift,** die Stifte
die **Störung,** die Störungen

der _____

stehen

streiten, sie streitet,
sie stritt

_____

schädlich, schädlicher,
am schädlichsten
das **Schaf,** die Schafe
schaffen, sie schafft,
sie schaffte

die _____

Schale

der _____

schattig

der **Schatten,** die Schatten
_____,
schattiger, am schattigsten

schäumen

der **Schaum,** die Schäume
_____,
es schäumt, es schäumte
schaurig, schauriger,
am schaurigsten

Schall

2 Verbessere die zusammengesetzten Nomen.
Schreibe sie richtig auf.

Tigerkäfig
Teaterbühne
Teddibär
Tabletthülle

_____
_____
_____
_____

das **Tablet,** die Tablets
die **Tafel,** die Tafeln
die **Taube,** die Tauben
der **Teddy,** die Teddys
der **Teller,** die Teller
teuer, teurer,
am teuersten
das **Theater,** die Theater
der **Tiger,** die Tiger

3 Ergänze den Lückentext passend.

Wenn ich ein Verb in der _____ oder in einer anderen

_____ nachschlagen möchte, muss ich deshalb

immer die _____ bilden.

4 Bei welchem Wort musst du diese Verben in der Wörterliste nachschlagen?

magst: _____   rief: _____   blies: _____

hing: _____   schlief: _____   ist: _____

› Rechtschreibhilfen verwenden: Wörterliste, Wörterbuch   › Sprachbuch, Seite 20, 21
› Alphabet kennen und nutzen
› über Fehlersensibilität verfügen

19

 **1** Lies Lulus Sachtext über die CD.

Wofür benutzt man eine CD?	– zum Abspeichern vieler Daten, wie Musik oder Fotos
Was heißt CD?	– Compact Disc
Wie sieht eine CD aus?	– glänzende, runde Scheibe mit einem Loch in der Mitte
Aus was besteht die CD?	– aus Plastik
Seit wann gibt es die CD?	– seit 1980

Die Abkürzung CD steht für Compact Disc.
Sie ist ganz dünn.
Die CD gibt es seit 1980.
Mama hat ganz viele CDs.

 **2** Was muss Lulu an ihrem Sachtext verändern?
Verbessere den Sachtext mithilfe von Lulus Notizen.

_____

_____

_____

_____

_____

_____

_____

› verständlich, strukturiert und adressatengerecht schreiben   › Sprachbuch, Seite 22, 23
› Texte an der Schreibaufgabe überprüfen
› Texte selbstständig überarbeiten

 **1** Kreise die Fehler ein und schreibe die Wörter richtig auf.

Der Kühlschrank

Die entwicklung des Kühlschranks war für die menschen eine wichtige Erfindung. ‖

_____

Früher konnten die Menschen ihre lebensmittel nur kurz im Keller oder Eisschränken Kühlen. | |

_____

Heute gibt es zum glück den Kühlschrank, um die haltbarkeit der Lebensmittel zu Verlängern. ‖ |

_____

Der Kühlschrank Arbeitet mit einer pumpe und einem Motor. ‖

_____

Viele kühlschränke haben auch ein Gefrierfach. |

_____

 **2** Schreibe den Satz richtig auf.

 im gefrierfach lagern  die menschen  im sommer  gern 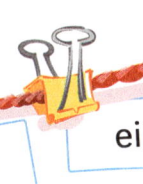 eis

_____

_____

1 Bilde eine Wortfamilie mit Wörtern zum Wortstamm KÜHL .

_____

_____

_____

2 Ersetze die Nomen sinnvoll durch Pronomen. Schreibe auf.

Vor allem Milch, Käse und Fleisch lagert man im Kühlschrank.
Denn Milch, Käse und Fleisch können leicht verderben.
Es ist wichtig, Milch, Käse und Fleisch nach dem Einkaufen
schnell in den Kühlschrank zu räumen. Der Kühlschrank sorgt
dafür, dass solche Lebensmittel länger haltbar sind.
Der Kühlschrank muss richtig eingestellt sein.

_____

_____

_____

_____

_____

_____

_____

_____

3 Überprüfe. In welchem Fall steht das Nomen jeweils? Schreibe auf.

Den Kühlschrank findet man in jedem Haus. _____

Der Kühlschrank macht die Lebensmittel lange haltbar. _____

Deswegen bewahren die Menschen ihre Lebensmittel
in **dem Kühlschrank** auf. _____

Mache die Fallprobe!

Die Temperatur **des Kühlschranks** liegt etwa
bei zwei bis acht Grad. _____

Kapitel 2

essen – bewegen – genießen

1 Was hast du schon einmal selbst gebastelt oder gebaut?
Schreibe auf.

_____

_____

2 Was hast du dafür gebraucht? Schreibe auf.

_____

_____

_____

3 Woher wusstest du, wie du vorgehen musst?

_____

_____

4 Beim Basteln und Bauen muss ich wissen, wie ich vorgehe.
Wobei ist es noch wichtig, das zu wissen?

_____

_____

einfüllen
das Material
balancieren
die Kastanie
die Konserve

der Chor
das Theater
verrühren
der Druck
der Erfolg

der Pfad
ziehen
das Fest
der Ballon
fühlen

barfuß
der Kaffee
schütten
die Länge
jonglieren

1 Setze passende Wörter ein.
Bilde bei den Verben die richtige Personalform.

Elsa und Umut stellen Jonglierbälle für das _____ her.
Sie brauchen verschiedenes _____. Umut _____
die Öffnung vom _____ auseinander. Dann _____
Elsa den Sand _____. Die Größe des Balls ist nicht so wichtig.
Wenn man _____, dass er fest ist, dann kann man gut
damit _____.
Lulu füllt Steine und _____ in Holzkisten.
Dann _____ die Kinder die Schuhe aus und gehen
_____ über den _____. Der _____
und das _____ haben viel _____ auf dem Fest.

2 Kreise die Lupenstellen ein.

| der Kaffee | der Druck | schütten | die Länge | balancieren |

3 Überlege dir zu zwei Wörtern einen Gedächtnistrick.
Schreibe die Gedächtnistricks auf.

_____ _____

_____ _____

1 Sieh dir das Bild zum Basteln von Dosenstelzen genau an.
Schreibe auf, welche Materialien und Werkzeuge du brauchst.

_____

_____

_____

2 Überlege, wie du weiter vorgehen musst.
Ordne die Bilder und nummeriere sie.

  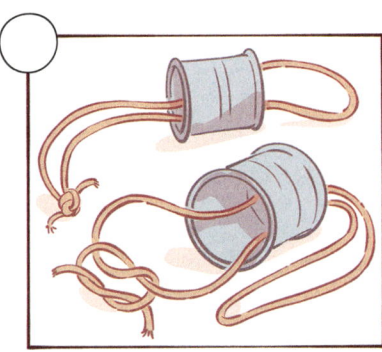

3 Schreibe eine Anleitung zum Basteln von Dosenstelzen.

_____

_____

_____

_____

_____

_____

_____

_____

 **1** Schau dir das Bild an.
Welche Vergleichsmöglichkeiten findest du? Schreibe auf.

Umuts Stelzen sind höher als _____

_____

_____

_____

_____

_____

2 Trage die fehlenden Formen der Adjektive ein.

Grundform	1. Vergleichsform	2. Vergleichsform
	höher	
gut		
	mehr	
		am liebsten
lang		
	dicker	
		am größten
schnell		

› Merkmale von Adjektiven kennen
› grundlegende sprachliche Begriffe kennen: Adjektiv
› Sprachbuch, Seite 30

 **1** Welche Adjektive sind gemeint? Bilde zusammengesetzte Adjektive.
Schreibe sie auf.

kalt wie		
Mais	Eis	Reis
	eiskalt	

rund wie		
ein Ferkel	eine Kugel	ein Onkel

groß wie		
ein Riese	eine Vase	eine Nase

stark wie		
ein Wurm	ein Bär	eine Fliege

schnell wie		
ein Seil	ein Pfeil	ein Beil

klar wie		
Papier	Kreide	Glas

weich wie		
Pappe	Suppe	Watte

hart wie		
Butter	Stein	Moos

 **2** Finde weitere zusammengesetzte Adjektive. Schreibe sie auf.

Staub	_____	schön
Wunder	_____	bleich
Hunde	_____	elend
Kreide	_____	schwer
Blei	_____	fest
Punkt	_____	genau
Ofen	_____	frisch
Knüppel	_____	hart
Felsen	_____	trocken

3 Schreibe mit drei zusammengesetzten Adjektiven sinnvolle Sätze.

_____

_____

_____

› mit Sprache experimentell und spielerisch umgehen   › Sprachbuch, Seite 31
› Möglichkeiten der Wortbildung kennen und nutzen

27

1 Was kann man in der Obst- und Gemüseabteilung kaufen?
Schreibe zu jedem Oberbegriff eine Aufzählung auf.
Trenne die Wörter mit einem Komma.

Obst: _____

_____

Gemüse: _____

_____

2 Welche Zutaten brauchst du für einen Kuchen, welche für eine Suppe?
Schreibe geordnet auf. Trenne die Wörter mit einem Komma.

1PaketMehlgrüneErbsenfeinerZucker1BundSuppengemüse4Kartoffeln

1PäckchenBackpulvergrobesSalz6EierdunklerKakaofrischePetersilie250gButter

_____

_____

_____

_____

3 Stell dir vor, du gehst einkaufen und kannst dir alles aussuchen.
Was legst du in den Einkaufswagen? Schreibe eine Aufzählung auf.
Trenne die Wörter mit einem Komma.

Meine Einkäufe:

› grundlegende sprachliche Begriffe kennen:
Aufzählung, Komma
› Zeichensetzung beachten
› Sprachbuch, Seite 32

 **1** Lies die Sätze. Schreibe sie verbessert auf.

Beim Einkaufen auf dem Markt trifft Lulu ihren Lehrer und ihre Nachbarin und ihre Freunde.

_____

_____

Am Blumenstand entscheidet Lulu sich für Rosen und Nelken und Lilien und Gräser.

_____

_____

Soll Lulu am Gemüsestand den knackigen Salat oder die rote Paprika oder die leckeren Tomaten nehmen?

_____

_____

_____

 **2** Lies die E-Mail. Ergänze die Sätze. Trenne die Wörter oder Wortgruppen mit Kommas. Verbinde sie am Ende mit **und** oder **oder**.

Liebe Oma,
ich freue mich schon so auf deinen Besuch! Kommst du mit
dem Auto _____ mit dem Bus _____ mit dem Zug? Du kennst
ja schon meine Freunde Lulu _____ Umut _____ Paul.
Wir wollen mit dir zusammen ins Schwimmbad _____ in den
Zoo _____ ins Kino gehen. Kannst du uns wieder Spaghetti
kochen _____ Pfannkuchen backen _____ Kakao zubereiten?

Viele Grüße
deine Elsa

1 Lies die Sätze.
Verbinde immer zwei Sätze mit einer Konjunktion.
Schreibe sie auf.

Denke an das Komma!

Tipp: Es gibt mehrere Möglichkeiten.

Ein Indiaca basteln

Ich zeichne mit einer Schablone einen Kreis auf den Stoff.
Ich kann den Kreis dann genau ausschneiden.

Ich zeichne mit einer Schablone einen Kreis auf den Stoff, weil _____

Ich lege den Jonglierball auf den Stoff. Ich habe den Kreis ausgeschnitten.

nachdem

_____
_____

Ich fasse den Stoff zusammen. Es entsteht ein Säckchen.

denn

_____
_____

Ich verschließe das Säckchen. Der Ball fällt nicht hinaus.

sodass

_____
_____

In das Säckchen stecke ich Federn hinein. Der Indiaka fliegt besser.

weil

_____
_____

Ich klebe die Federn fest. Sie bleiben dann länger stecken.

damit

_____
_____

› grundlegende sprachliche Begriffe kennen:
Nebensatz, Komma, Konjunktion
› Zeichensetzung beachten

› Sprachbuch, Seite 34

1 Wie sprechen die Kinder?
Verbinde.

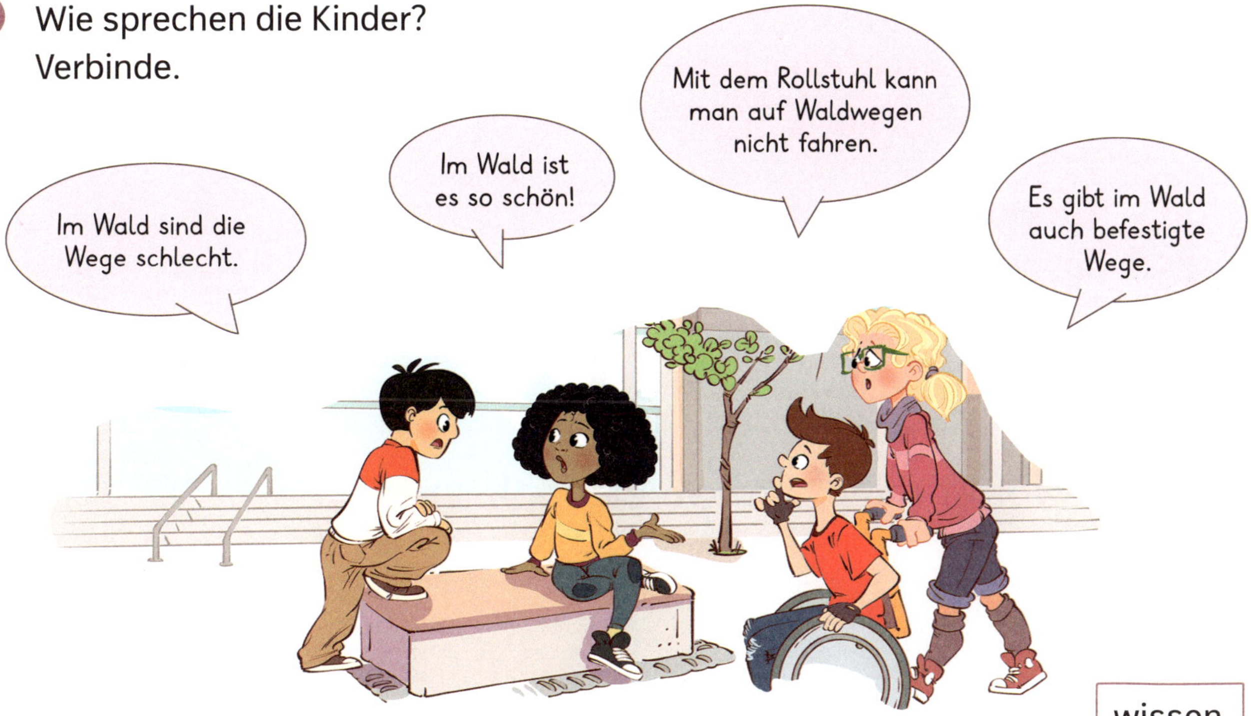

Im Wald sind die Wege schlecht.

Im Wald ist es so schön!

Mit dem Rollstuhl kann man auf Waldwegen nicht fahren.

Es gibt im Wald auch befestigte Wege.

behaupten

meinen

befürchten

wissen

2 Schreibe Sätze, in denen du die Konjunktion **dass** verwendest.

Paul befürchtet, _____

_____

_____

_____

_____

3 Was meinst du zu Pauls Einwand? Schreibe Sätze mit **dass** auf.

Ich _____

_____

_____

_____

 **1** Sortiere die Merkwörter nach ihren Lupenstellen.
Schreibe sie geordnet auf.

Lexikon	Mais	Zeppelin	Trainer	Hobby	See	Fischlaich
Echse	Moor	Teddy	~~Kurve~~	Fuchs	Hai	Verein
Kabine	E-Mail	Apfelsine	Lawine	Beere	City	Boxer
Nixe	Camping	Sardine	Kamin	Paar	Creme	Haar	Brotlaib
Achsel	Vater	Container	Wachs	Lachs	~~Video~~	Yoga

Wörter mit V und v: Video, Kurve, _____

_____

_____

_____

_____

_____

_____

_____

_____

_____

 **2** Trage die fehlenden Buchstaben ein.

Kur___e	Ni___e	B___re	Tr___ner	E-M___l
E___e	Kam___n	Tedd___	___oga	A___el

3 Schreibe deine Lieblingsfehlerwörter auf.
Überlege dir passende Gedächtnistricks.

_____

_____

› rechtschreibwichtige Wörter normgerecht schreiben   › Sprachbuch, Seite 36
› Rechtschreibstrategien verwenden: Merken, Einprägen

 **1** Markiere die Wörter, die kein verwandtes Wort mit **a** oder **au** haben. Schreibe sie auf.

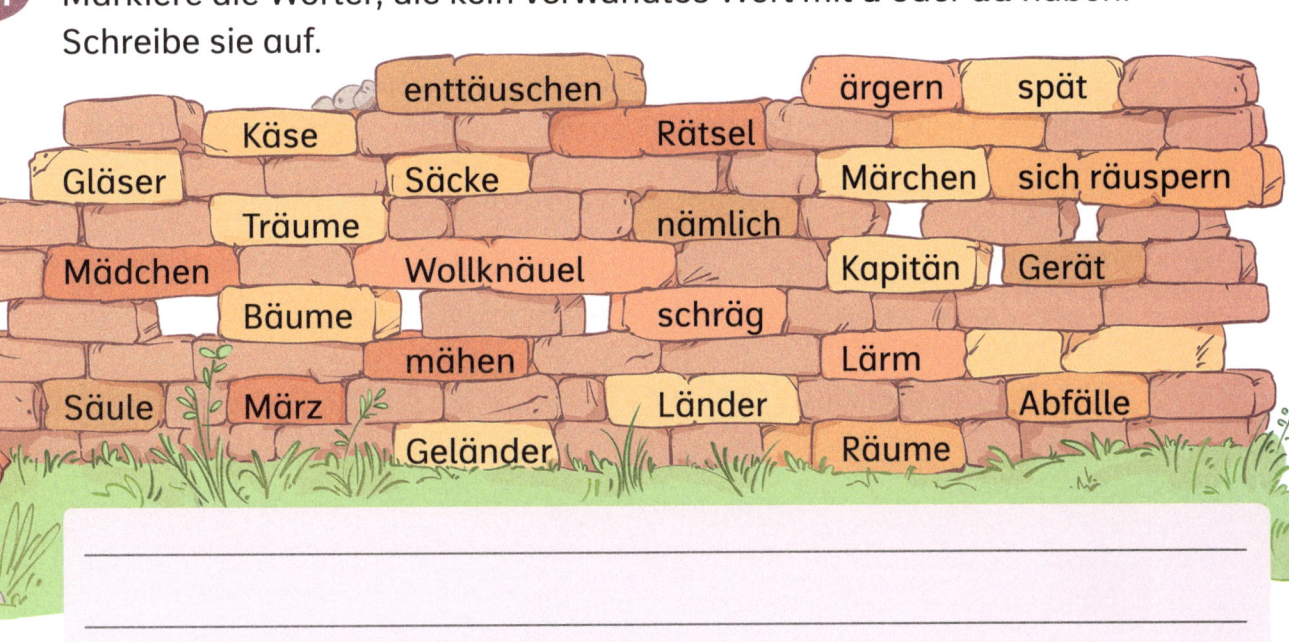

enttäuschen · ärgern · spät · Käse · Rätsel · Gläser · Säcke · Märchen · sich räuspern · Träume · nämlich · Mädchen · Wollknäuel · Kapitän · Gerät · Bäume · schräg · mähen · Lärm · Säule · März · Länder · Abfälle · Geländer · Räume

_____

_____

_____

 **2** Schreibe Quatsch-Sätze mit möglichst vielen Wörtern mit **ä** und **äu**.

Das Känguru sitzt enttäuscht im Käfig und isst Käse.

_____

_____

_____

_____

 **3** Lies die Rätselsätze. Schreibe die Lösungen auf.

| K u r u | r B | f r e | ä i K | e n ä |
| n g ä | ä | ä K | g f | h M |

Ich trage meine Kinder im Beutel: _____

Ich bin ein Raubtier und halte Winterruhe: _____

Ich bin ein Insekt und habe sechs Beine: _____

Darin wohnen oft Tiere im Zoo: _____

Dies tragen manche Säugetiere auf dem Kopf: _____

1 Lies die Wörter.
Kreise die Wörter mit hl, hm, hr und hn in unterschiedlichen Farben ein.

zahlen	zahm	Fohlen	Zahn	wahr	ahnen	führen	Hahn
befehlen	dröhnen	Ehre	angenehm	hohl	Kahn	Kohle	nehmen
Lehrerin	Nahrung	prahlen	rühren	Sohle	Wahl	bohren

2 Schreibe die Wörter geordnet auf.

hl _____

_____

hm _____

hr _____

_____

hn _____

3 Finde Reimwort-Paare. Schreibe sie auf.

_____

_____

4 Finde eigene Sätze mit mehreren **h**-Wörtern,
um dir die Wörter zu merken.

Der Zahnarzt bohrt mit einem Bohrer
in meinem hohlen Zahn.

_____

_____

_____

_____

Gedächtnistricks
- Eselsbrücke
- Ordnen
- Fotografieren
- Lauschen

› rechtschreibwichtige Wörter normgerecht schreiben
› Rechtschreibstrategien verwenden: Merken, Einprägen
› Sprachbuch, Seite 38

1 Kreise **Ph/ph** und **Th/th** in unterschiedlichen Farben ein.
Schreibe die Wörter geordnet auf.

Methode	Thermometer	Physik	Bibliothek	Phantom
Mathematik	Alphabet	Thron	Katastrophe	Thermohose
Mediathek	Thermoskanne	Phase	Apotheke	Therapie
Strophe	Thema	Pharao	Thermostat	Phantom	Theke

Ph / ph _____

_____

_____

Th / th _____

_____

_____

_____

2 Was ist gemeint? Setze die passenden Wörter ein.

Eine _____ trage ich im Winter, wenn es sehr kalt ist.
Im Sachunterricht haben wir heute mit einem neuen _____
begonnen.

Mein Tee wird in einer _____ warmgehalten.
_____ ist das Lieblingsfach meiner Schwester.

Mit dieser _____ kann ich mir Merkwörter gut merken.
Man kann die Buchstaben nach dem _____ ordnen.

3 Übe die Wörter mit dem Gedächtnistrick „Fotografieren".

› rechtschreibwichtige Wörter normgerecht schreiben
› Rechtschreibstrategien verwenden: Merken, Einprägen
› gebräuchliche Fremdwörter kennen und untersuchen
› Sprachbuch, Seite 39

35

 **1** Lies die Anleitung genau.

Bücherwürmer

Werkzeuge: 1 dicke Nadel und flüssiger Kleber und 1 wasserfester Stift

Fädle eine kleine Perle auf und knote sie am Ende des Fadens fest. Verziere den Kopf zuletzt mit Federn. Fädle irgendwie sechs weitere Perlen auf. Fädle dann die große Holzperle auf und befestige sie mit einem dicken Knoten. Pass auf! Das ist sehr schwierig. Knote am oberen Ende des Fadens eine kleine Perle fest. Vielleicht malst du auf die große Holzkugel mit dem Stift ein Gesicht für den Wurm.

Materialien: 8 Perlen in verschiedenen Farben 1 große Holzperle 40 cm Faden Federn

 **2** Was musst du verbessern? Markiere in der Anleitung.

3 Schreibe die Anleitung verbessert auf.

_____

_____

_____

_____

_____

_____

_____

_____

_____

_____

 **1** Kreise die Fehler ein und schreibe die Sätze richtig auf.

Elsa und Paul kochen gesunden Eiste damit Paul
nach dem Training immer durstig ist.   III

_____

_____

Sie brauchen frische Minze naturtrühben Apfelsaft   III
Zitronensaft Eiswürfel.   I

_____

_____

Sie gießen kochendes Wasser über die Minze
und lassen den Te zehn Minuten lang ziehen.   I

_____

_____

Dann gießen sie den Tee durch ein Siehb und lassen ihn abkülen.   II

_____

_____

Zum Schluss gehben die Kinder Apfelsaft Zitronensaft   II
und Eiswürfel dazu.

_____

_____

Die Kinder meinen das der Eiste genauso lecker schmeckt   III
als der Apfelsaft.   I

_____

_____

1 Verbinde immer zwei Sätze sinnvoll mit einer Konjunktion.
Schreibe sie auf.

Elsa will Eistee kochen.	Paul ist durstig.
Elsa und Paul kochen Wasser.	Sie können die Minze übergießen.
Elsa und Paul geben Eiswürfel dazu.	Der Tee kann abkühlen.

weil
damit
sodass

_____
_____
_____
_____

2 Warum sind diese Wörter Merkwörter?
Erkläre.

März Känguru Säule Kapitän

_____
_____

3 Kreise die Satzglieder ein. Verbessere die Sätze
mithilfe der Schiebewortprobe und schreibe sie richtig auf.

Elsa entdeckt im wald den sinnespfad.

_____

Ihr macht das ertasten von baumrinden viel spaß.

_____

Die fruchthöhlen der kastanien pieksen sie etwas.

_____
_____

› Rechtschreib- und Grammatikwissen anwenden
› grundlegende sprachliche Begriffe und Strukturen kennen

› Sprachbuch, Seite 42, 43

Kapitel 3

beobachten – verstehen – schützen

die Rose
die schöne Rose
die schöne, gelbe Rose
piekst
durch meine Hose

Kräht der Hahn auf dem Mist,
ändert sich's Wetter, oder es bleibt wie es ist.

Tauschtiere

Krokogator und Allidil
trafen sich am großen Nil.
Feldschnecke und Weinbergmaus
blieben lieber brav Zuhaus'.

Regenente und Wildwurm
trafen sich am großen Turm.
Dromehund und Wüstendar
trinken Saft in einer Bar.

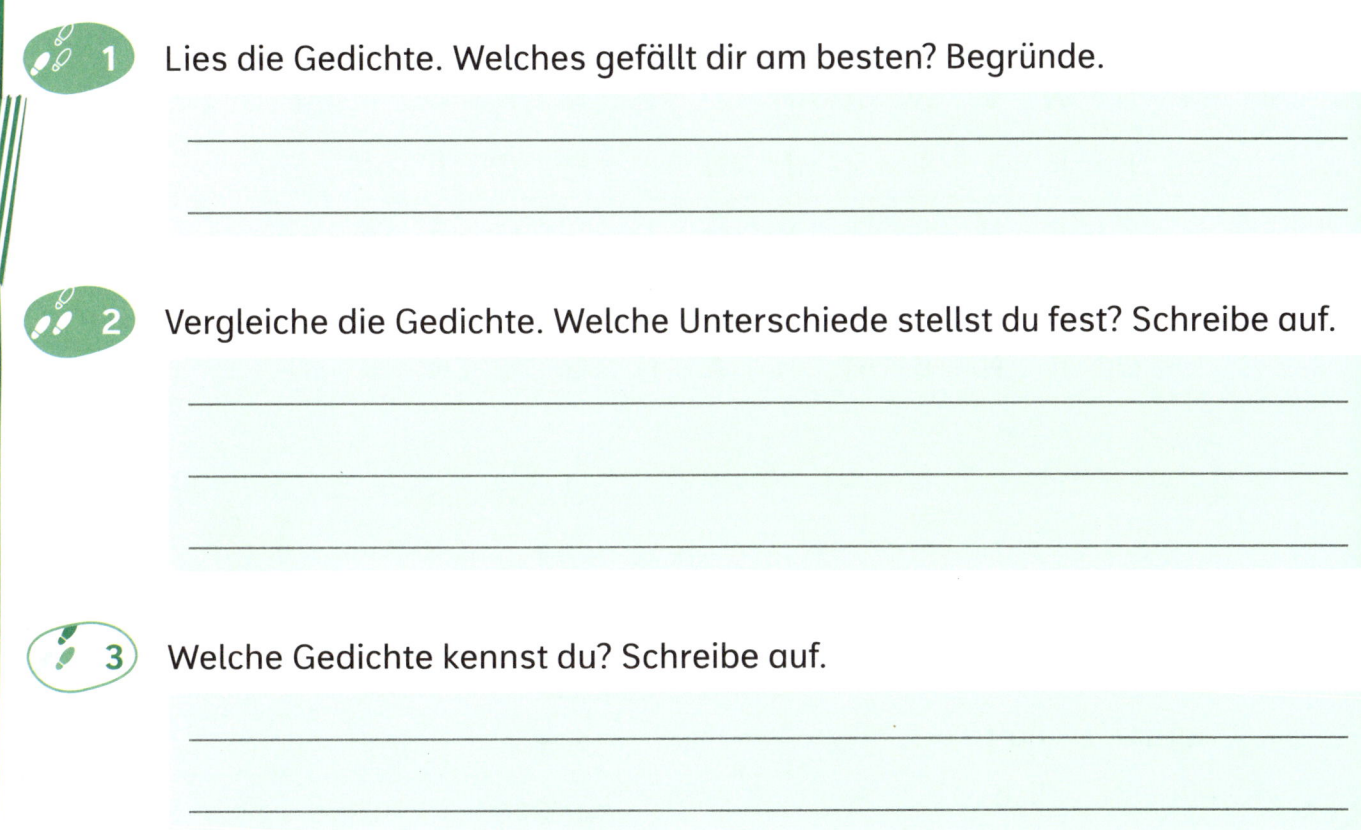

1 Lies die Gedichte. Welches gefällt dir am besten? Begründe.

_____

_____

2 Vergleiche die Gedichte. Welche Unterschiede stellst du fest? Schreibe auf.

_____

_____

_____

3 Welche Gedichte kennst du? Schreibe auf.

_____

_____

 **1** Schreibe die Wörter richtig auf.

das ▮gentum   die Ho▮nung   die Bre▮se   der Sto▮

_____

 **2** Schreibe die Sätze richtig auf.

Im Rückwärtsgang

Der Bauer befestigt am mmatS ein Stück ffotS und thcierts es
mit Lavendelduft ein.
Das soll die nedneläuq Mücken vertreiben.

_____

_____

_____

 **3** Finde die Verben im Suchsel. Schreibe sie auf.

B	U	T	H	Ä	N	G	I	F	L	O	H	A	W
M	H	W	V	W	Ä	H	L	E	N	S	O	K	I
S	P	R	I	T	Z	E	N	I	P	C	F	W	E
G	Z	E	N	S	T	P	Ü	L	V	D	F	Ä	G
L	Ä	R	G	E	R	N	C	E	I	F	E	J	E
F	Q	P	N	B	U	H	Ä	N	G	E	N	R	N

wählen
ärgern
hängen
feilen
spritzen
hoffen
wiegen

_____

 **4** Setze die Wörter richtig zusammen. Schreibe sie auf.

glaub	sam	_____	selt	bar	_____
natür	haft	_____	kost	los	_____
ein	lich	_____	sprach	sam	_____

 **1** Schreibe auf, was man mit diesen Gegenständen macht.

Bei einigen Werkzeugen kannst du das Verb nicht vom Nomen ableiten.

ein Hobel – hobeln, _____

_____

_____

_____

_____

2 Schreibe ein Handwerks-Gedicht.

Wähle zuerst Gegenstände, zu denen es ein verwandtes Verb gibt. Suche für den Schluss einen Gegenstand aus, zu dem es kein verwandtes Verb gibt.

Sägen sägen
Mit Sägen kann man sägen,
mit Riegeln kann man riegeln,
mit Spritzen kann man spritzen,
mit Spiegeln kann man spiegeln,
mit Zügeln kann man zügeln,
in Wiegen kann man sich wiegen,
aber mit Flügeln kann man nicht flügeln,
mit Flügeln kann man nur fliegen.

Paul Maar

_____

_____

_____

_____

_____

aber mit _____

_____

› nach Anregung eigene Texte schreiben: Gedicht
› kreativ und spielerisch mit Sprache umgehen

› Sprachbuch, Seite 46, 47

Wortstamm und Wortfamilien kennen und bilden

1 Schreibe alle Wörter der Wortfamilie Hör/hör auf.
Kreise den Wortstamm ein.

Gehör	Ohrwurm	Ohr	lauschen	zuhören
Ohrenschützer	hören	flüstern	Hörtest	gehörlos

_____

_____

2 Ergänze Wörter der Wortfamilie Flieg/flieg und Lauf/lauf.

Flieg/flieg

_____

_____

_____

_____

Lauf/lauf

_____

_____

_____

_____

Diese Tipps können dir helfen.

• zusammengesetzte Wörter
• Zeitformen der Verben
• Wortbausteine

3 Kreise die Wörter ein, bei denen sich der Wortstamm ändert.

4 Ergänze Wörter der Wortfamilie Fress/fress.

Alle fressen

Giraffen _____ Blätter. Und wenn ein Ast _____ ist, dann suchen sie den nächsten.

Ein Affe _____ lieber Früchte. Er zankt sich oft mit anderen Affen um sein _____.

In der Freiheit sind vor allem Elefanten _____.

Ein einzelner Elefant _____ 200 Kilo Gräser, Blätter und Heu.

Was für eine _____!

› Möglichkeiten der Wortbildung kennen
› Wörter strukturieren
› Sprachbuch, Seite 48, 49

 **1** Sage es kürzer und schreibe auf.

Das, was man mir erlaubt: _die Erlaubnis_

Eine Landschaft, die wild ist: _____

Das, was ich jemandem gestehe: _____

Wenn es ganz finster ist: _____

Das, was ich erlebe: _____

Dort sind manche gefangen: _____

 **2** Schreibe die Fachwörter auf.

Eine ländliche Umgebung:

| L | A | N | D | S | C | H | A | F | T |

Bezeichnet etwas, das heilig ist:

Eine Anwendung von Wissen:

Eine Gruppe, die etwas gemeinsam hat:

Der Besitz eines reichen Menschen: Wenn etwas wächst:

3 Wähle drei Wörter aus und schreibe eigene Rätselsätze.

| Verwandtschaft | Freundschaft | Irrtum | Hindernis | Ergebnis |

_____

_____

_____

_____

_____

 **1** Verändere die Wörter mit den nachgestellten Wortbausteinen
-isch, **-haft** und **-bar**. Schreibe geordnet in die Tabelle.

Typ	Chemie	England	Dank	Fehler
Nutzen	Plan	Ekel	Sage	Strafe
Sicht	Komik	Optik	Leben	Beispiel

-isch	-haft	-bar
typisch		

2 Ergänze die Wortpaare.

Neid _neidisch_	Furcht _____	_Herz_____ herzhaft	_____ sichtbar
Panik _____	Logik _____	_____ regnerisch	_____ himmlisch
Hektik _____	Magie _____	_____ gewissenhaft	_____ essbar

3 Schreibe Sätze mit den Wörtern aus Aufgabe 1 und 2.

_____

_____

_____

_____

_____

Für manche Wörter gibt es zwei Möglichkeiten.

1 Verändere die Wörter und schreibe sie geordnet auf.

folgen	Furcht	wirken	einprägen	Mühe
Appetit	Ausdruck	Ausnahme	Kampf	Einfall
Grund	Angst	Grauen	Wert	Freude

-sam _____

_____

-los _____

_____

-voll _____

2 Lies die Sätze. Wie kannst du es kürzer und treffender ausdrücken? Überlege und schreibe die Sätze auf.

Ein Traum?

Ich näherte mich dem riesigen Hamster und zeigte dabei <u>überhaupt keine Furcht</u>.

_____

Ich vertraute darauf, dass mein Schutzschild <u>seine Wirkung zeigen</u> würde.

_____

Leider war mein Schutzschild zu weich, <u>ich konnte es biegen</u>.

_____

Der Hamster konnte sich mir <u>ohne große Mühe</u> nähern.

_____

Er übergab mir eine Uhr, die <u>sehr viel Wert</u> war.

_____

Auf einmal hörte ich ein Klingeln: „Aufwachen! Du musst zur Schule!"

1 Wie musst du die Wörter schreiben?
Ergänze die Wörter mit | Wal/wal | oder | Wall/wall |.

> Wenn Erde oder Steine aufgeschüttet werden, um etwas zu schützen, nennt man das Wall. Vielleicht hat auch deine Stadt einen Wall?

Schwert_____   _____anlage   _____baby

Burg_____   Buckel_____   Schutz_____

Erd_____   _____gesang   _____fett

Schloss_____   _____flosse   Stadt_____

2 Hier sind zwei Texte durcheinandergeraten.
Ergänze die Wörter richtig. Schreibe beide Texte geordnet auf.

Eine Höllenhöhle

Manche Hö___en sind sehr dunkel, eng und kalt.
Die Hö___e stellte man sich früher als sehr heiß vor. Man hatte
eine Hö___enangst vor dem Feuer. Hö___enforscher untersuchen
Aushö___ungen auch unter dem Meeresspiegel. Felshö___en weisen
oft Tropfsteine auf. Heute benutzt man das Wort „Hö___e" gern
für Übertreibungen wie „Hö___enlärm" oder „Hö___enqualen".

› Rechtschreibstrategien verwenden: Wortstamm beachten
› morphematische Strategie anwenden
› Schreibweise des Wortstamms für Wortfamilie beachten
› Sprachbuch, Seite 54

 **1** Finde noch 12 versteckte Nomen und kreise sie ein.
Bilde mit den Nomen zusammengesetzte Wörter und schreibe sie auf.

K	I	U	N	T	E	R	S	U	C	H	U	N	G	U	W	P
S	U	Z	N	Z	R	M	M	F	K	B	P	P	L	C	B	C
P	K	A	R	T	O	N	A	E	S	A	B	F	A	L	L	O
I	A	B	U	X	P	L	K	R	Q	H	A	Q	L	F	E	N
E	P	A	P	P	E	M	M	N	X	M	O	B	S	T	H	T
L	T	F	L	U	S	S	K	Y	T	E	U	L	S	C	P	A
K	O	N	T	R	O	B	L	E	F	S	R	A	V	G	B	I
V	L	K	U	E	N	A	E	F	V	S	V	K	I	V	E	N
V	F	C	Z	J	W	L	R	W	K	E	V	E	X	F	T	E
K	O	N	T	R	O	L	L	E	D	R	L	N	E	G	T	R

Kontrolluntersuchung, _____

_____

_____

 **2** Lies den Text. Finde die Fehler.
Schreibe den Text richtig auf.

Am Sontag hat Elsa mit ihrer Familie im Garten gefeiert. Nun ist dort ein
riesiger Mülhaufen. Zusammen heben alle den Dreck vom Grilfest auf.
Sie sammeln ihn in einem Abfaleimer. Uno findet einen Papbecher unter
dem Tisch. Auf einmal prasselt ein gewaltiger Gewiterregen vom Himmel.

_____

_____

_____

_____

_____

› Rechtschreibstrategien verwenden: Wortstamm beachten   › Sprachbuch, Seite 55
› morphematische Strategie anwenden
› Schreibweise des Wortstamms für Wortfamilie beachten   47

1 Bilde zusammengesetzte Nomen.
Schreibe sie mit ihrem bestimmten Artikel auf.

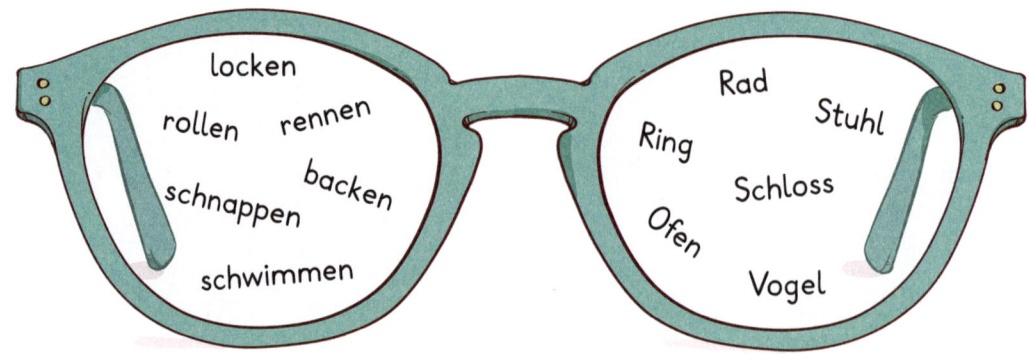

locken   rollen   rennen   backen   schnappen   schwimmen

Rad   Ring   Stuhl   Schloss   Ofen   Vogel

locken + Vogel → der Lockvogel, _____

_____

_____

_____

_____

2 Bilde weitere zusammengesetzte Nomen mit den Verben.
Schreibe sie auf.

fallen	stellen	backen	rennen	knallen	kratzen

_____

_____

_____

3 Sag es kürzer und bilde zusammengesetzte Nomen. Schreibe sie auf.

Ein Band zum Absperren: _Absperrband_ _____

Ein Fehler, der beim Tippen entsteht: _____

Ein Stuhl, den man zusammenklappen kann: _____

Eine Latte, mit der man messen kann: _____

› Rechtschreibstrategien verwenden: Wortstamm beachten › Sprachbuch, Seite 56
› morphematische Strategie anwenden
› Schreibweise des Wortstamms für Wortfamilie beachten

 **1** Bilde Wörter.
Schreibe die Wörter richtig auf.

Ein Reiniger für Geschirr:
Geschirrreiniger

Eine Schale von der Nuss:
_____

Eine Folie aus Kunststoff:
_____

Eine Lampe für den Stall:
_____

Ein Lappen aus Wolle:
_____

Eine Liebe für den Fußball:
_____

 **2** Zerlege die Wörter und schreibe sie auf.

| Kontrollliste | Rollladen | Stammmannschaft |
| Balletttanz | Krepppapier | Schritttempo | Schlusssatz |

die Kontrolle + die Liste → die Kontrollliste, _____

_____

_____

_____

_____

 **3** Ergänze die Wörter passend.
Entscheide: **t**, **tt** oder **ttt**?

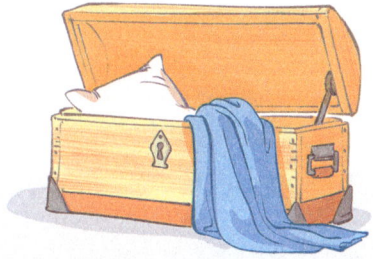

Ins Be____ gehen

Früher bewahrte man die Be____wäsche, also das Be____uch und
den Be____bezug, in einer Be____ruhe auf. Wenn dann alles frisch
bezogen war, konnte man die Be____ruhe besonders genießen.
Vor dem Einschlafen dachten viele Menschen noch an das Be____en.
Sie sprachen ein kurzes Gebe____, bevor ihnen die Augen zufielen.
Also, gute Nacht!

› Rechtschreibstrategien verwenden: Wortstamm beachten   › Sprachbuch, Seite 57
› morphematische Strategie anwenden
› Schreibweise des Wortstamms für Wortfamilie beachten

49

**1** Erfinde passende Verben zu den Nomen.
Schreibe das Gedicht mit den neuen Verben auf.

Das Krokodil _krokodilt_____ im flachen Fluss.

Der Waran _____ gern eine Nuss.

Der Emu _____ viel umher.

Die Spinne _____: „Das ist nicht schwer."

Der Igel _____ unter dem Tisch.

Der Pinguin _____ einen kleinen Fisch.

Die Kröte _____ in eine Hand.

Der Dingo _____ im heißen Sand.

**2** Lies dein Gedicht halblaut. Stell dir vor, was die Tiere tun.
Übe deinen Gedichtvortrag.

**3** Finde die Fehler und verbessere die Wörter.
Überprüfe den Wortstamm und die Personalform.

Der Biber (biebere) ein schönes Haus.   _bibert_____

Der Fischotter otert eine Maus.   _____

Der Hirsch hischt an der Tanne.   _____

Das Schwein schweinen lieber in der Wanne.   _____

Der Käfer kefern an der Hecke   _____

Die Zecke zeckst 'ne kleine Schnecke.   _____

 **1** Kreise die Fehler ein und schreibe die Wörter richtig auf.

In der Bäckerei

Der Arbeitstag eines Bäckers beginnt sondervoll früh. |

_____

Schon um 4.00 Uhr steht er in der Bakstube. |

_____

Viele Geräte erleichtern die Arbeit: Die Knetmaschine knettet |

den Brötchenteig, die Rührmaschine rührt den Keksteig glatt.

_____

Mit einem riesigen Kuchenschaber wird der Broteig |

in große Behelter gefült und gebacken. ||

_____

Das riecht wunder bar. |

_____

 **2** Welche Wörter gibt es?
Kreuze an.

	-los	-voll	-haft	-bar	-sam
kraft	X				
wunder					
gewalt					
sinn					
acht					

 **1** Lies den Text genau. Finde die versteckten Verben.

Der Lieferwagen bringt früh am Morgen die Blumen. Zuerst wässert die Floristin Bettina die Kletterpflanzen. Dann drahtet sie zarte Stiele mit Bindedraht für die Sträuße. Um manche Blumen vor der Kälte zu schützen, wickelt Bettina sie in Einschlagfolie. Die Stauden setzt sie in Pflanzschalen. Für die Tischgedecke schneidet sie Steckmasse zurecht.

Lieferwagen: liefern + der Wagen, _____

_____

_____

_____

_____

2 Schreibe Aufzählungen über die Blumen/Pflanzen und die Aufgaben der Floristin.

Aufgaben: _____

_____

Blumen/Pflanzen: _____

_____

3 Verwende die Verben im Satz als Nomen.

| liefern | wachsen | verpacken | leiden | besitzen |

_____

_____

_____

_____

_____

› Rechtschreib- und Grammatikwissen anwenden
› grundlegende sprachliche Begriffe und Strukturen kennen
› Sprachbuch, Seite 60, 61

Kapitel 4

haben – wünschen – brauchen

1 Hast du schon einmal geschwindelt?
Was war der Grund dafür? Schreibe auf.

_____

_____

2 Was war deine lustigste Schwindelei? Schreibe auf.

_____

_____

3 Hier wird geschwindelt. Verbinde passend.

  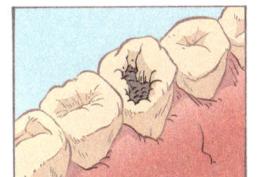 

4 „Manchmal wünsche ich mir, dass ich nicht die Wahrheit sagen muss."
Schreibe Beispiele auf.

_____

_____

1 Schreibe die Wörter richtig auf.

der F▮lm   das Unge▮euer   trauri▮   das G▮heimnis   e▮rlich

_____

_____

2 Setze richtig zusammen.
Schreibe die Wörter auf.

ent-   über-   un-

treiben   glücklich   gegen   glaublich   vorstellbar

_____

_____

3 Setze die Wortgrenzen. Schreibe die Wörter auf.

schwindelnwünschenkönnenlügenübertreibenerfindenerzählenglaubenlachen

_____

_____

4 Wahr oder falsch? Schreibe auf.

	wahr oder falsch
Katzen bellen	falsch
Kamele tauchen	
Hunde winseln	
Delfine springen	
Computer denken	
Kinder lachen	

Meine Aufgaben sind f e ▢ ▢ ▢ ▢ ▢ ▢ .

Ich habe mein Sportzeug vergessen!

 **1** Betrachte die Bilder. Überlege, was passiert sein könnte.
Schreibe den ersten Satz deiner Geschichte auf.

Wie es kam, dass _____

_____

2 Deine Geschichte braucht Übertreibungen. Ergänze.

Ich habe meinen _____ Turnbeutel einem Känguru

geschenkt. Und das kam so: Ich war auf dem Weg zur Schule.

Da kam ein _____ Känguru

_____ an mir vorbeigehüpft.

Es hatte ein _____ Baby im Beutel.

Das _____ Baby sah meinen Turnbeutel und

fragte _____: „Kannst du mir helfen? Ich will

zum Boxen und habe mein Sportzeug vergessen!" Ich gab meinen

Turnbeutel dem Baby. Es bedankte sich _____.

Heute stand in der Zeitung, dass es _____meister wurde.

 **3** Am Ende willst du die Wahrheit betonen.
Schreibe einen Schlusssatz auf.

_____

_____

 **1** Mache die Verbprobe. Kreise alle Verben ein.

VOGEL	(WOHNEN)	FREUDE	LIEGT	TRÜB	OHR
TRINKT	HEISS	NEHMEN	HUNGRIG	GIBST	WOLLEN
LÄUFST	ERDE	WARTE	BLUME	MESST	
MUT	WEINT	GLÜCKLICH	MÖGEN	HALTET	

2 Schreibe die Verben in der **wir**-Form und in der **du**-Form auf.

wir wohnen – du wohnst,

_____

_____

_____

_____

3 Markiere die Verben, bei denen sich der Wortstamm verändert.

4 Schreibe die Grundform der Verben auf.

hängen _____ – es hing   _____ – er sprang

_____ – ich half   _____ – du stiegst

_____ – du brachtest   _____ – wir wogen

_____ – ihr gingt   _____ – sie zog

_____ – wir pfiffen   _____ – ihr wart

5 Bilde Sätze mit den Verben.
Verwende die Verben in einer anderen Personalform.

_____

_____

_____

› Funktion von Verben erkennen
› Verben verwenden
› grundlegende sprachliche Begriffe kennen: Personalform

› Sprachbuch, Seite 66

1 Kreise die unregelmäßigen Verbformen ein.

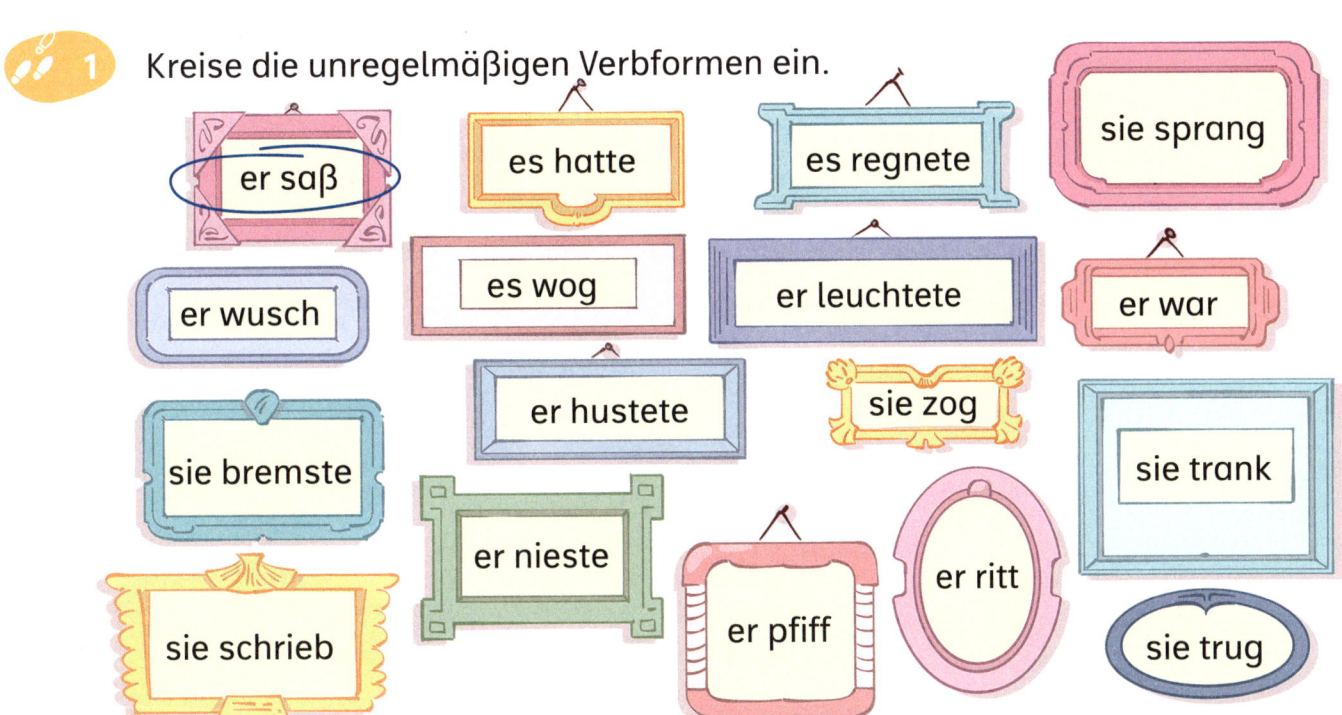

(er saß)   es hatte   es regnete   sie sprang

er wusch   es wog   er leuchtete   er war

sie bremste   er hustete   sie zog   sie trank

sie schrieb   er nieste   er pfiff   er ritt   sie trug

2 Schreibe die unregelmäßigen Verben mit ihrer passenden Grundform auf.

er saß – sitzen

3 Schreibe die Verben in der passenden Personalform im Präteritum auf.

wachsen – es __wuchs__   müssen – ich _____

nehmen – du _____   dürfen – er _____

fliegen – ich _____   kennen – du _____

rufen – du _____   fahren – wir _____

denken – ihr _____   mögen – er _____

haben – wir _____   sein – ihr _____

› Funktion von Zeitformen kennen und anwenden   › Sprachbuch, Seite 67
› Verben verwenden
› grundlegende sprachliche Begriffe kennen: Präsens, Präteritum
57

 **1** Lies den Text. Kreise alle Verben ein.

> Elsas Mutter wollte schon als Kind ein eigenes Pferd.
> Sie nervte ihre Eltern täglich damit. „Ein eigenes Pferd bedeutet viel
> Verantwortung. Wir überlegen es uns noch einmal", antworteten ihre
> Eltern. Täglich malte sie eine Wunschliste mit nur einem Wunsch darauf.
> Sie bat ihre Eltern: „Mama, Papa, ich verspreche, ich bin ganz fleißig
> und versorge das Pferd."

 **2** Schreibe alle Verben in der Personalform sortiert auf.

Präsens	Präteritum
es bedeutet	sie wollte

3 Verwende die Verben in der passenden
Personalform und Zeitform. Schreibe sie auf.

Achtung! Denke daran,
dass die wörtliche Rede
oft im Präsens steht.

An ihrem Geburtstag _____ Elsas Mutter früh_____.
(aufwachen)

Sie _____ in den Garten, aber dort _____ kein Pferd.
(rennen)   (warten)

Ihre Eltern _____: „Wir _____ dir jetzt die Augen!"
(sagen)   (verbinden)

Sie _____ mit dem Auto los. Als Elsas Mutter die Augenbinde
(fahren)

_____, _____ sie im Garten
(ablegen)   (sehen)

vor Opas Haus ein wunderschönes Holzpferd.

„Da _____ ja mein Pferd!", _____ sie sich.
(sein)   (freuen)

58
› Funktion von Zeitformen kennen und anwenden   › Sprachbuch, Seite 67
› Verben verwenden
› grundlegende sprachliche Begriffe kennen: Präsens, Präteritum

1 Lies Umuts Geschichte und kreise alle Verben ein.

Auf meinem Weg zur Schule traf ich eine fleißige Kolonie
Ameisen. Mitten auf dem Weg übersah ich ihre Eisbahn
und landete ganz schlimm auf dem Rücken.
Mit vereinten Kräften halfen die Ameisen mir wieder
auf die Beine. Danach lief ich besonders langsam zur Schule
und kam deshalb zu spät.

2 Schreibe die Verben in beiden Vergangenheitsformen auf.

ich traf – ich habe getroffen,

3 Lies Elsas Geschichte und kreise alle Verben ein.

Ich kam zu spät zur Schule,
denn Schmetterlinge nahmen mir die Vorfahrt.
Sie flogen einfach davon,
ich log wirklich nicht.

Was fällt dir auf?

4 Schreibe Elsas Geschichte so auf, wie sie sie erzählt hat.
Schreibe im Perfekt.

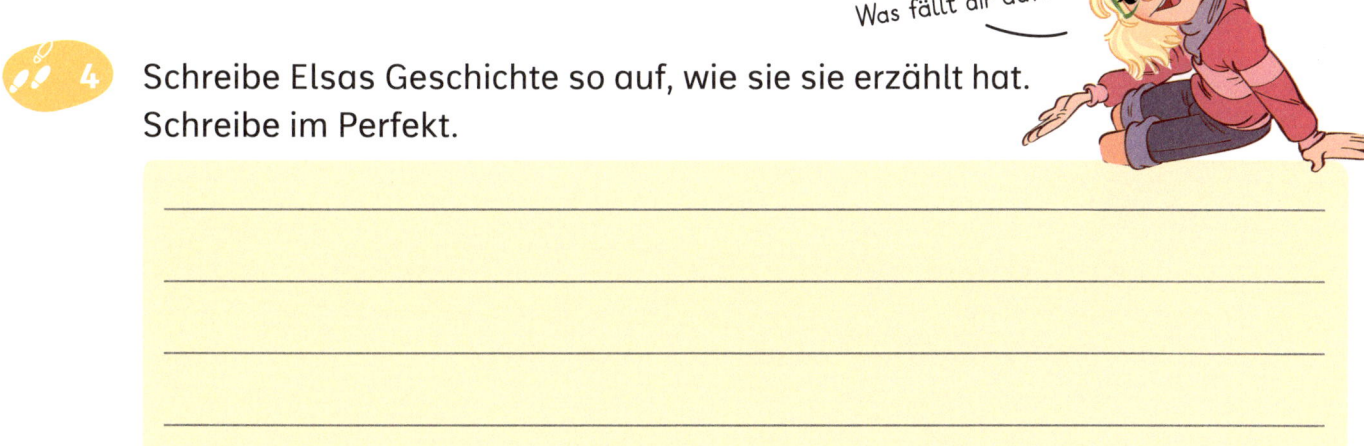

› Funktion von Zeitformen kennen und anwenden
› Verben verwenden
› grundlegende sprachliche Begriffe kennen: Perfekt

› Sprachbuch, Seite 68

59

1 Male die Verben, die mit **haben** gebildet werden, gelb und die Verben, die mit **sein** gebildet werden, blau an.

kommen

riechen

gehen

kriechen

gießen

fahren

finden

greifen

wollen

springen

Verben der Fortbewegung werden im Perfekt häufig mit **sein** gebildet.

2 Schreibe die Verben, die mit **sein** gebildet werden, in der **ich**-, **du**- und **er**-Form auf.

ich bin gekommen, du bist gekommen, er ist gekommen

3 Lies den Text. Kreise die Verben ein.

Bei den Hausaufgaben kam ein Fuchs vorbei. Er schrieb schneller als ich und hatte die schönste Schrift. Bei Knobelaufgaben rechnete er besser als ich und den Hindernislauf lief er schneller als ich.

1 + 1 =
2 + 4 =
3 − 2 =

4 Schreibe den Text im Perfekt auf.
Verwende die passende Form von **haben** oder **sein**.

› Funktion von Zeitformen kennen und anwenden
› Verbformen bilden und verwenden
› grundlegende sprachliche Begriffe kennen: Präsens, Präteritum

› Sprachbuch, Seite 69

 **1** Umuts Familie hat sich viel für das nächste Wochenende vorgenommen. Schreibe Sätze.

Mama wird einen Kuchen backen.
_____
_____
_____
_____

• Mama: einen Kuchen backen
• Tante Tula: im Imbiss arbeiten
• Papa und Umut: Skateboard fahren
• Umut: einen neuen Rap aufnehmen
• Miran und Emin: Computerspiele spielen

 **2** Lulu überlegt, wie sie später leben will. Lies Lulus Ideen. Kreise die Verben ein.

In 30 Jahren lebe ich in einem großen Haus. Ich besuche meine Verwandten in Afrika. Von Beruf bin ich Künstlerin. Ich male riesengroße Gemälde. Ich verkaufe sie für viel Geld. Meine Freunde kommen oft zu Besuch. Sie begleiten mich auch auf meinen Reisen um die Welt.

3 Schreibe Lulus Vermutungen für ihre Zukunft in der passenden Zeitform auf.

In 30 Jahren werde ich in einem großen Haus leben.
Ich _____
_____
_____
_____
_____
_____

› Funktion von Zeitformen kennen und anwenden
› Verben verwenden
› grundlegende sprachliche Begriffe kennen: Futur

› Sprachbuch, Seite 70

61

Wörter mit doppelten Konsonanten schreiben

1 Lies die Wörter und entscheide, wie man sie sprechen muss.
Markiere in der ersten Silbe die Vokallänge.
Setze die Konsonanten ein.

l / ll
Fü____er
Ro____e
Wa____e
Scha____e

s / ss
Pau____e
Ro____e
Rü____el
Wi____en

m / mm
Krü____el
Nu____er
Zi____er
Ka____el

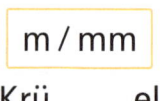

t / tt
We____e
Tü____e
Ke____e
Pu____e

n / nn
Schie____e
Mä____er
Ki____o
So____e

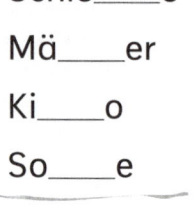

d /dd
Fa____en
Pa____el
Pu____ing
Ru____el

2 Lies die Sätze. Ergänze die Wörter passend.

In meiner Su____e schwi_____en viele Nu____eln.
Am Hi_____el tre____en sich Blitz und Do____er.
Mit der Flö____e spie____e ich schö____e Lie____er.
Im So____er bre____en die So____enstrahlen vom Hi____el.

3 Schreibe die Verben aus Aufgabe 2 in den Personalformen auf.

er: _____

du: _____

4 Ergänze den Lückentext passend.

Wenn ich mir nicht sicher bin, ob ein Wort mit einem

_____ Konsonanten geschrieben wird, dann achte ich

auf den _____. Wenn der _____

einen doppelten _____ hat, dann wird mein Wort

auch mit einem _____ Konsonanten geschrieben.

› Lautqualität von Vokalen untersuchen
› Struktur von Silben untersuchen
› grammatisches Wissen für die Rechtschreibung nutzen

› Sprachbuch, Seite 73

 **1** Bilde die Grundform. Schreibe die Personalform auf und kreise den Wortstamm ein.

	Grundform ⊖	Personalform
du so ^l⁄_{ll} st	sollen	du (sollst)
ihr he ^b⁄_{bb} t		
du bru ^m⁄_{mm} st		
ihr la ^s⁄_{ss} t		
er ma ^l⁄_{ll} t		
ihr e ^s⁄_{ss} t		
ihr ru ^f⁄_{ff} t		

 **2** Ergänze die fehlenden Buchstaben. Beachte den Wortstamm.

Erho____ung	Versa____lung	gesa____elt	weggero____t
abho____en	sti____ungsvoll	Vorwärtsro____e	gero____t
aufsa____eln	überho____t	Zitronenro____e	sa____eln
ansti____en	abro____en	Sa____lung	sa____elte
Ro____schuhe	Absti____ung	ro____en	Sti____ung

3 Kreise den Wortstamm ein. Finde weitere Wörter zu den Wortfamilien.

füllen, Füller, _____

_____

Wettrennen, rennen, _____

_____

fallen, er fällt, _____

_____

› Stammprinzip beachten   › Sprachbuch, Seite 74
› Rechtschreibstrategien verwenden: Vokallänge
› grammatisches Wissen für die Rechtschreibung nutzen

63

1 Markiere die Vokallänge in der ersten Silbe.

> reißen   wissen   draußen   Sträuße   messen   dreißig   Flüsse
>
> Klöße   Messer   Grüße   Schüssel   Kasse
>
> Schüsse   schießen   Größe   Schlösser   küssen   gießen   Klasse

2 Schreibe die Wörter geordnet auf.

langer Vokal

kurzer Vokal

reißen,_____

wissen,_____

_____

_____

_____

_____

_____

_____

_____

_____

3 Lies die Wörter und setze **ß** oder **ss** ein.

hei___en	Kü___e	Fü___e	Stra___e	Pä___e
bi___chen	flü___ig	bi___ig	sprie___en	schlie___en
Se___el	flei___ig	sto___en	bei___en	e___en
au___en	mü___en	Wa___er	So___e	pa___en

4 Schreibe Unsinnsätze mit möglichst vielen **ß**- und **ss**-Wörtern.

› Stammprinzip beachten
› Rechtschreibstrategie verwenden: Vokallänge
› Lautqualität beachten: s-Laut

› Sprachbuch, Seite 75

1 Lies die Sätze und entscheide: **ss** oder **ß**?
Schreibe die Wörter richtig auf.

Lügen haben kleine _____
Fü__e

Ich _____ gerne _____ _____
e__e flü__ige Klö__e

aus der _____. Manchmal _____ ich
Schü__el kü__e

die _____ der _____ _____.
Flo__en flei__igen Walrö__er

Wenn ich _____ _____ mache,
drau__en Spä__e

dann _____ mich der Frosch mit seinem _____.
fri__t Rü__el

2 Suche die Dinge, die mit **ss** oder **ß** geschrieben werden.
Schreibe sie auf.

_____

_____

3 Löse die Rätsel und schreibe richtig auf.

Suche Wörter
mit ss und ß!

nicht viel, sondern ein <u>bisschen</u>   nicht öffnen, sondern _____

nicht fest, sondern _____   nicht kleiner, sondern _____

nicht wollen, sondern _____   nicht lieben, sondern _____

nicht faul, sondern _____   nicht drinnen, sondern _____

1 Was trifft auf Lügengeschichten zu? Kreuze an.

In Lügengeschichten ...

☐ gibt es starke Übertreibungen.

☐ gibt es keine Lügen.

☐ wird am Anfang eine Frage gestellt.

☐ werden übertriebene Vergleiche angestellt.

☐ werden die Lesenden nicht angesprochen.

2 Lies die Lügengeschichte.

Wie es kam, dass ich so eine komische Frisur habe
Ich glaube, ich war am Donnerstag beim Friseur.
Uno musste vor der Tür warten. Das gefiel ihm wohl nicht.
Darum fing er an, vor dem Fenster zu singen.
Weil nichts passierte, sang er ein zweites Lied.
Der Frisör blickte die ganze Zeit zu Uno.
Uno sang dann noch ein Lied.
Als der Frisör fertig war, schaute ich entsetzt in den Spiegel.
„Hm, das sieht ja aus! ...“

3 Überarbeite die Lügengeschichte.

4 Schreibe die Lügengeschichte verbessert auf.

_____

_____

_____

_____

_____

_____

_____

_____

_____

66
› Textsorte kennen und verstehen: Lügengeschichte
› Text an der Schreibaufgabe überprüfen
› Sprachbuch, Seite 76, 77

 **1** Kreise die Fehler ein und schreibe die Sätze richtig auf.

Gestern geschah etwas Unfasbares.   I

_____

Ich wolte für Lulu einen Kuchen backen.   I

_____

Zuerst suchte ich ale Zutatten und Küchengeräte zusamen.   III

_____

Dann lass ich das Rezept aufmerksamm durch.   II

_____

Schrit für Schritt mischte ich alle Zutaten mit dem Mixer   I
zu einem glaten Teig.   I

_____

_____

Doch dann verwanndelte sich der Mixer in ein wüttendes   II
Monster.

_____

 **2** Schreibe das Verb **mischen** in allen Personalformen im Perfekt auf.

ich habe _____

_____

_____

UNTER DER LUPE

1 Kreise alle Verben ein. Schreibe den Text im Futur auf.

Was tut Elsa?

Schnell putzt Elsa die Küche blitzblank. Sie schrubbt die Teigreste von den Schränken und vom Boden. Dann poliert sie den Mixer. Sie reinigt die Arbeitsfläche. Zuletzt wischt sie den Boden.

Was wird Elsa tun?

_____

_____

_____

_____

_____

2 Bilde eine Wortfamilie zum Wortstamm Ess/ess .

_____

_____

_____

3 Bilde die Vergleichsformen der Adjektive.

hoch – _____

viel – _____

gut – _____

4 Setze ß oder ss ein. Finde jeweils ein Reimwort.

hei___en   Schü___el   Ta___e   flie___en   Klö___e   Gefä___e

_____

_____

> Rechtschreib- und Grammatikwissen anwenden
> grundlegende sprachliche Begriffe und Strukturen kennen
> Sprachbuch, Seite 78, 79

Kapitel 5

lesen – hören – sehen

PROJEKTWOCHE FÜR ALLE

Am Samstag präsentieren die Kinder der Grundschule ihre Ergebnisse der Projektwoche zum Thema „Experimente und Erfindungen des Alltags". Von 10 bis 16 Uhr können interessierte Kinder in den verschiedenen Klassen- und Fachräumen der Grundschule die Ergebnisse der Projekte bewundern und mitmachen. Weil das Interesse der Grundschulkinder so hoch ist, soll im Anschluss der Projektwoche eine Arbeitsgemeinschaft entstehen, in der die Kinder sich weiterhin mit Experimenten und Erfindungen des Alltags beschäftigen, so Herr Pfiffig, stellvertretender Schulleiter der Grundschule.

1 Aus welchen Medien kennst du Berichte? Schreibe auf.

_____

_____

2 Worüber wird dort berichtet? Schreibe auf.

_____

_____

3 Von welchem Ereignis musstest du schon einmal jemandem ganz genau berichten? Schreibe auf.

_____

_____

_____

_____

4 Welche Aufgaben hat ein Bericht? Kreuze an.

☐ Ein Bericht muss genau über ein Ereignis informieren.

☐ Ein Bericht muss lustig sein.

☐ Ein Bericht muss spannend sein.

☐ Ein Bericht muss sachlich sein.

1 Kreise Lupenstellen ein und schreibe deine Lieblingsfehlerwörter auf.

passieren	geschehen	der Vorfall
das Ergebnis	blass	erklären
das Ereignis	die Ärztin	aufnehmen

_____

_____

2 Welche Wörter verstecken sich hier?
Schreibe die Wörter auf.

die Kreuzung
_____

der Beweis
_____

der Unfall
_____

die Information
_____

die Wahrheit
_____

der Bericht
_____

3 Schreibe die Wörter richtig auf.

b   b   ch   a
   e   o
t   e   n

_____

n   i   l   ü
   tz   ch

_____

b   a   s
   l   s

_____

Au   g
   s   a
e   s

_____

st   r   n
         ü
      e   z

_____

e   ä   r
k   l   n
   e   r

_____

p   s   s   r
   a   ie
   e   n

_____

e   r
   l   b
e   n   e

_____

› Grundwortschatz erweitern und selbstständig üben
› Alphabet als Ordnungssystem nutzen

› Sprachbuch, Seite 82

 **1** Lies die Sprechblasen.

> Die Autorenlesung am Freitag war toll! 😊

> Ja, Henriette Wich schreibt spannende Kinderbücher und Jugendbücher. Ich liebe ihre Geschichten! ❤❤❤

> Das neue Buch „Der rätselhafte Hundedieb", aus dem sie uns mit verstellter Stimme in der Aula vorgelesen hat, ist so cool. 👍

> Ich glaube, ich leihe mir morgen eines ihrer Bücher aus. Sie hat unserer Schule ja ein paar Bücher geschenkt! 📚 😍

 2 Unterstreiche diese Informationen:
Wann? Was? Wo? Wer? Wie? Welche Folgen? Schreibe sie geordnet auf.

Wann: _____

Wer: _____

Was: _____

Wie: _____

Wo: _____

Welche Folgen: _____

 **3** Schreibe einen vollständigen Bericht für die Homepage der Schule auf.

_____
_____
_____
_____
_____
_____
_____
_____

 **1** Lies die Sätze. Verbinde mit einem passenden Prädikatsteil.
Schreibe die Verben in ihrer Grundform auf.

Die Polizei weist den Detektiven einen neuen Fall	auf.
Sie nehmen die Spuren	an.
Umut ruft Paul	zu.
Die Detektive hören den Zeugen ganz genau	zu.

_____

_____

 **2** Bilde Sätze und schreibe sie auf.
Kreise die Prädikatsteile ein und verbinde sie.

nachmittags Lulu will im Kinderradio am Computer anhören Nachrichten .

_____

man ein Radio zum Anhören der Nachrichten Früher hat gebraucht .

_____

im Internet viele Informationen Heute können wir finden .

_____

hat viele Geräte Der Computer ersetzt .

_____

nach der Schule die Nachrichten Paul darf auf dem Tablet lesen .

_____

_____

 **3** Bilde eigene Sätze mit zwei Prädikatsteilen.

_____

_____

72
› Satzglieder kennen: Prädikat
› Funktion von Satzgliedern kennen und anwenden
› grundlegende sprachliche Begriffe kennen: Prädikat

› Sprachbuch, Seite 84

 **1** Bilde mit allen Wortkarten Sätze. Jeder Satz soll anders beginnen.
Kreise ein, was vor dem Prädikat steht.

bearbeiten

| die | Detektive |
| neue | oft | Fälle |

_____

_____

_____

_____

 **2** Kreise die Satzglieder ein.

Kreise zuerst
die Prädikate ein.
Dann kannst du
die Busprobe
anwenden.

Die Detektive lesen täglich die Nachrichten.

Jeder Detektiv ist neugierig.

In der Schule berichten sie alle Neuigkeiten.

Manchmal helfen die Detektive der Polizei.

Uno und Murmel begleiten die Detektive bei ihren Einsätzen.

 **3** Stelle das Prädikat an den Satzanfang und bilde Fragesätze.
Kreise die Satzglieder ein.

Die Detektive schreiben jeden Fall in ihr Tagebuch.

_____

Im Detektivtagebuch stehen alle wichtigen Informationen.

_____

_____

Lulu schreibt gern in das Detektivtagebuch.

_____

› Funktion von Satzgliedern kennen und anwenden
› sprachliche Operationen verwenden: Vorfeldprobe, Umstellen
› Sprachbuch, Seite 85

73

1 Finde die Satzglieder, die unbedingt im Bus sitzen müssen.
Streiche alle unnötigen Satzglieder durch. Schreibe die kurzen Sätze auf.

Umut singt unter der Dusche ein Lied. _____

Seit zwei Minuten klingelt das Telefon. _____

Die Blumen blühen jeden Sommer. _____

In den Bäumen zwitschern die Vögel. _____

2 Welches Subjekt passt? Entscheide und schreibe die Sätze richtig auf.

| Uno | Umut und Elsa | ... **schläft** immer lange. |

_____

| Paul und Umut | Lulu | ... **lesen** gern Bücher im Bett. |

_____

| Lulu | Paul und Elsa | ... **spielen** viel mit ihren Haustieren. |

_____

3 Wende die Busprobe an.
Markiere zuerst das Prädikat und danach das Subjekt.

Der Radfahrer hält an der Ampel. Im Sommer scheint die Sonne.

Den ganzen Abend läuft der Fernseher im Wohnzimmer.

In den Sommerferien kommt Pauls Oma.

4 Erkläre, wie du das Subjekt im Satz erkennst.

_____

_____

› Satzglieder kennen: Subjekt, Prädikat
› Funktion von Satzgliedern kennen und anwenden
› grundlegende sprachliche Begriffe kennen: Subjekt
› Sprachbuch, Seite 86, 87

1 Ordne die passenden Objekte zu. Schreibe die Sätze auf. Markiere die Satzglieder.

Murmel kaut	Elsa.
Elsa fragt	ihre Mutter.
Uno erwartet	einen Knochen.
Paul liebt	seine Hündin Murmel.

_____

_____

_____

_____

2 Markiere in deinen Sätzen zuerst das (Prädikat), danach das Subjekt und das Objekt.

3 Hier fehlen noch wichtige Informationen. Schreibe vollständige Sätze.

 Elsa bekommt _____

_____

Murmel entdeckt _____

 Umut hört _____

_____

Uno holt _____

4 Schreibe Sätze mit den Satzgliedern **Subjekt** und **Objekt**.
Nutze diese Prädikate: geben, behalten, wegnehmen, bringen

_____

_____

_____

_____

› Satzglieder kennen: Objekt
› Funktion von Satzgliedern kennen und anwenden
› grundlegende sprachliche Begriffe kennen: Objekt

› Sprachbuch, Seite 88

75

 **1** Ordne die genaueren Bestimmungen passend zu. Schreibe die Sätze auf. Markiere die Satzglieder.

Umut und Paul kochen	in Elsas Bett.
Murmel buddelt	hinter dem Detektivschuppen.
Elsa und Lulu warten	in der Imbissküche.
Uno schläft	auf den Bus.

_____

_____

_____

_____

_____

 **2** Ergänze die Sätze.

… seit Jahren bei Pauls Familie.	… täglich auf dem Bauernhof.
… stundenlang im Kinderzimmer.	… seinen Freunden viele Nachrichten.

Paul schreibt _____

Murmel lebt _____

Umut tanzt _____

Elsa spielt _____

 **3** Markiere die Satzglieder:
Prädikat, Subjekt, genauere Bestimmungen.

Umut hilft am Wochenende im Imbiss. Murmel schwimmt an das Ufer.

Elsa hüpft auf ihrem Bett. Uno liegt nachts in seinem Körbchen.

Lulu winkt aus dem Detektivschuppen.

› Satzglieder kennen: adverbiale Bestimmungen
› Funktion von Satzgliedern kennen und anwenden
› grundlegende sprachliche Begriffe kennen: Bestimmungen
› Sprachbuch, Seite 90

 **1** Ergänze Informationen, damit die Sätze genauer werden.

> Uno findet.
> Uno findet einen Knochen.
> Uno findet einen Knochen morgens.
> Uno findet einen Knochen morgens im Garten.

Paul bekommt _____

Paul _____

_____

_____

Elsa holt _____

Elsa _____

_____

_____

2 Wende die Busprobe an. Unterstreiche die genaueren Bestimmungen und schreibe den Text ohne sie auf.

Viele Menschen lesen morgens die Zeitung. Sie informieren sich täglich.

In der Zeitung findet man wichtige Neuigkeiten.

Seit einigen Jahren kann man die Zeitung auch im Internet lesen.

Am Bildschirm kann man die Schrift vergrößern.

_____

_____

_____

_____

_____

_____

› Funktion von Satzgliedern kennen und anwenden   › Sprachbuch, Seite 91
› sprachliche Operationen verwenden: Ergänzen,
  Weglassen, Umstellen

77

 **1** Schreibe die Verben richtig auf. Verlängere, indem du die Grundform bildest.

er ü ^p_b t   _üben — er übt_   er zei ^g_k t _____

er schie ^p_b t _____   er fra ^g_k t _____

er kle ^p_b t _____   er dan ^g_k t _____

 **2** Zerlege die Nomen.
Verlängere den ersten Teil und ergänze den richtigen Buchstaben.

die Flu [g] hafen – _fliegen_____ – _der Flughafen_____

der Par [ ] platz – _____ – _____

das Leich [ ] gewicht – _____ – _____

das Stran [ ] tuch – _____ – _____

der Kle [ ] stoff – _____ – _____

der Wir [ ] stoff – _____ – _____

der Frem [ ] körper – _____ – _____

 **3** Entscheide: **d** oder **t**? Schreibe die Wörter richtig auf.

Morgens mache ich mir vor dem _____
Ba▯spiegel

_____.
Flech▯zöpfe

Opa _____ mir oft seinen _____ über Afrika.
zei▯t   Bil▯band

Er _____ gern an diese Zeit zurück.
den▯t

Am Wochenende besuchen wir eine _____.
Bur▯ruine

Man erreicht sie über eine alte _____.
Zu▯brücke

› Rechtschreibstrategien verwenden: Verlängern
› Wörter mit Auslautverhärtung richtig schreiben
› über Fehlersensibilität verfügen
› Sprachbuch, Seite 92, 93

1 Lies die Wörter und markiere die Vokallänge in der letzten Silbe.

der Spa◼︎   der Bi◼︎   er mu◼︎

das Ma◼︎   die Lau◼︎

der Prei◼︎   na◼︎   lautlo◼︎

das Gla◼︎   hei◼︎

der Ansto◼︎   der Fu◼︎   der Stre◼︎

das Ga◼︎   sü◼︎

der Bewei◼︎   der Genu◼︎   der Schlu◼︎

2 Schreibe die Wörter mit kurzem Vokal richtig auf.

−ss _____

_____

3 Verlängere die Wörter mit langem Vokal.
Schreibe sie richtig auf.

−s _____

_____

_____

−ß   der Spaß – die Späße

_____

4 Schreibe Quatschsätze mit möglichst vielen Wörtern mit **s**-Laut am Ende.

_____

_____

_____

_____

› Rechtschreibstrategien verwenden: Verlängern, Vokallänge   › Sprachbuch, Seite 94, 95
› Lautqualität überprüfen
› über Fehlersensibilität verfügen

79

1 Was stimmt hier nicht? Lies den Bericht genau.

Diebstahl auf dem Flohmarkt

Die Grundschule veranstaltete einen Flohmarkt. Juhu!
Ich habe mich riesig darauf gefreut. Der Erlös sollte dem Tierheim
gespendet werden. Ich finde Hunde so süß!

Elsa und Paul verkauften altes Hunde-Spielzeug.
Sie sammelten super viel Geld.
Am Abend merkten sie, dass ihr gesamtes Geld verschwunden war.
Elsa weinte: „So eine Gemeinheit!"
Jemand stahl das Geld wahrscheinlich. Deshalb spendeten sie
dem Tierheim etwas von ihrem Taschengeld.

Ach ja, der Flohmarkt war am Samstag auf dem Schulhof.

2 Welche Wörter und Sätze gehören nicht in einen Bericht? Streiche sie durch.

3 Unterstreiche die wichtigen Informationen:
Wann? Was? Wo? Wer? Wie? Welche Folgen?

4 Schreibe den Bericht geordnet auf.

› Text an der Schreibaufgabe überprüfen
› Text sprachliche und inhaltlich optimieren
› Sprachbuch, Seite 96

 **1** Kreise die Fehler ein und schreibe die Wörter richtig auf.

Pauls Tante hat ihm einen Biltband über Riesenschiltkröten geschenkt. ‖

_____

Diese Tiere sind rießengroß, bärenstark und langlebik. ‖

_____

Das Mas ihrer Panzer beträkt oft mehr als einen Meter. ‖

_____

Es gipt Schildkröten, die ohne Nahrung und Flüßigkeit lange leben. ‖

_____

Während einige gern Grass fresen, zerkleinern andere
mit einem Biß sogar Kakteen. ‖
|

_____

Das ist wichtig, da sie so Waser zu sich nehmen können, |
wenn es bloss diese Möglichkeit gibt. |

_____

 **2** Streiche die Satzglieder durch, die du weglassen kannst.

Paul liest in seiner Freizeit Sachbücher und schaut lustige Tierfilme im Internet.

 **3** Markiere die Objekte in diesem Satz.

Paul besucht Museen und lernt die Vorfahren der Schildkröten kennen.

1 Bringe die Schritte in die richtige Reihenfolge. Nummeriere sie.

◯ Ich höre, ob der **s**-Laut klingt wie ein Summ-**S** oder Schlangen-**ß**.

◯ Ich prüfe die Vokallänge.

◯ Bei einem kurzen Vokal setze ich -**ss** ein.

◯ Ich setze -**s** oder -**ß** am Ende ein.

◯ Bei einem langen Vokal verlängere ich das Wort.

2 Erkläre, warum die Wörter mit verschiedenen **s**-Lauten geschrieben werden.
Finde zu jedem **s**-Laut ein eigenes Beispielwort.

| Glas heiß Fass |

_____

_____

3 Kreise die Wörter, die falschgeschrieben sind, ein.
Welche Strategie hilft dir, um sie richtig zu schreiben?

Paul (liept) Reptilien.

Er beobachtet sie regelmäsig im zoo und kennt viele Arten.

Er treumt davon, in einigen Jaren Tierpflger zu werden.

4 Finde zu jeder Rechtschreibstrategie ein Lupenwort aus dem Text.
Schreibe es richtig auf und beweise.

Strategie	Beweis	Lupenwort
↪	lieben	liebt
Ⓜ		
N↑		
⊙		
‿		
⊞		

82

› Rechtschreib- und Grammatikwissen anwenden   › Sprachbuch, Seite 98, 99
› grundlegende sprachliche Begriffe und Strukturen kennen

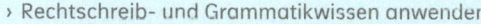

Kapitel 6

Haben Sie schon als Kind Sport gemacht?
Ja, ich habe mit sechs Jahren angefangen, Sport zu machen.
Wann haben Sie bemerkt, dass Sie ein besonderes Talent haben?
Selbst habe ich das nicht sofort gemerkt.
Mein Trainer hat mich damals angesprochen.

Herr Müller, warum haben Sie sich für diesen Beruf entschieden?

HÖR MAL REIN

1 Hast du schon einmal ein Interview gelesen, gehört oder gesehen? Schreibe auf.

_____

_____

_____

_____

2 Wann und wozu führt man Interviews? Schreibe auf.

_____

_____

3 Wen würdest du am liebsten interviewen?
Was würdest du fragen? Schreibe auf.

_____

_____

_____

_____

 **1** Schreibe die Wörter richtig auf.

v r o	U t e r	j m
l sch a	n i t	e n
e n g	r ch	a d

_____ _____ _____

l n v	b n e	P n k t
t e	g i n	t ü k ei
ie w r	n e	l i ch

_____ _____ _____

 **2** Zeichne Wortgrenzen ein.

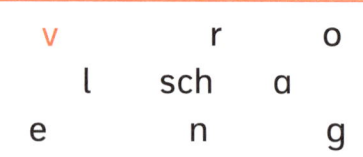

treffenBerufdeutlichZeitungLehrerbesserbegrüßen

TextgrüßenkennenrichtigLobvortragenIdeeRadio

 **3** Ordne die Wörter nach Wortarten. Schreibe sie richtig auf.

Nomen
_____
_____

Verben
_____
_____

Adjektive
_____

 **4** Schreibe deine Lieblingsfehlerwörter auf.

_____

› Grundwortschatz erweitern und selbstständig üben › Sprachbuch, Seite 102
› Alphabet als Ordnungssystem nutzen

1 Welche Fragen könnten die Kinder den Personen stellen?
Ordne die Interviewfragen den richtigen Personen zu.

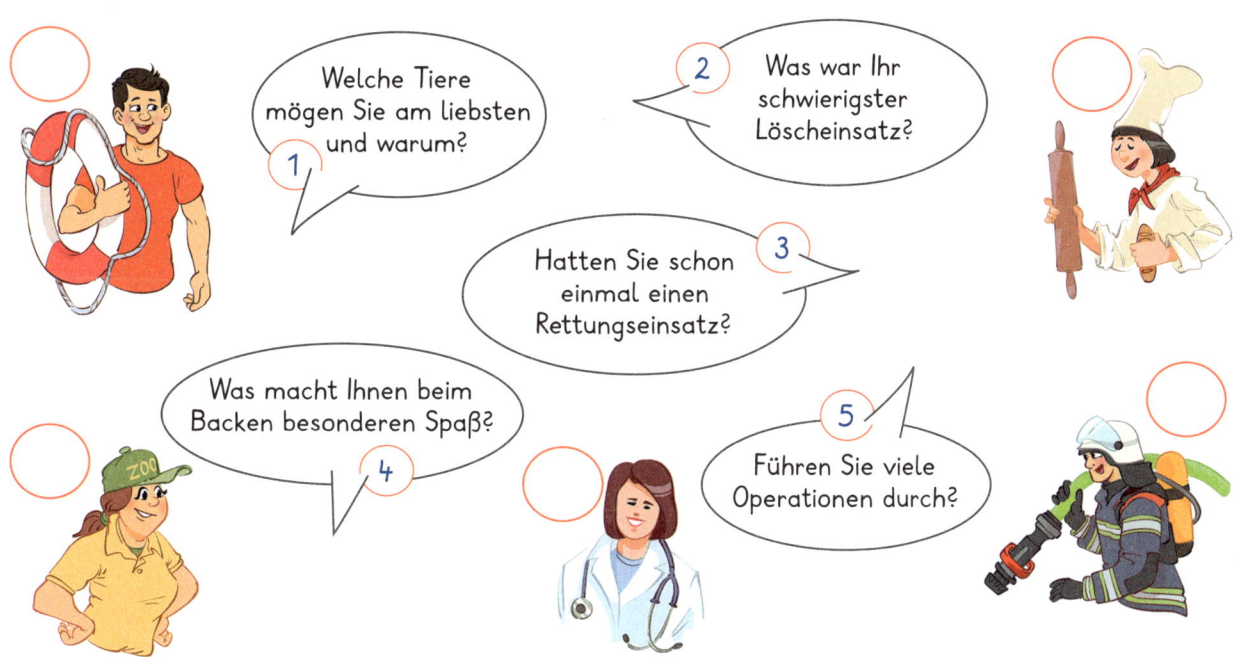

2 Bringe die Fragen in eine sinnvolle Reihenfolge. Nummeriere sie.

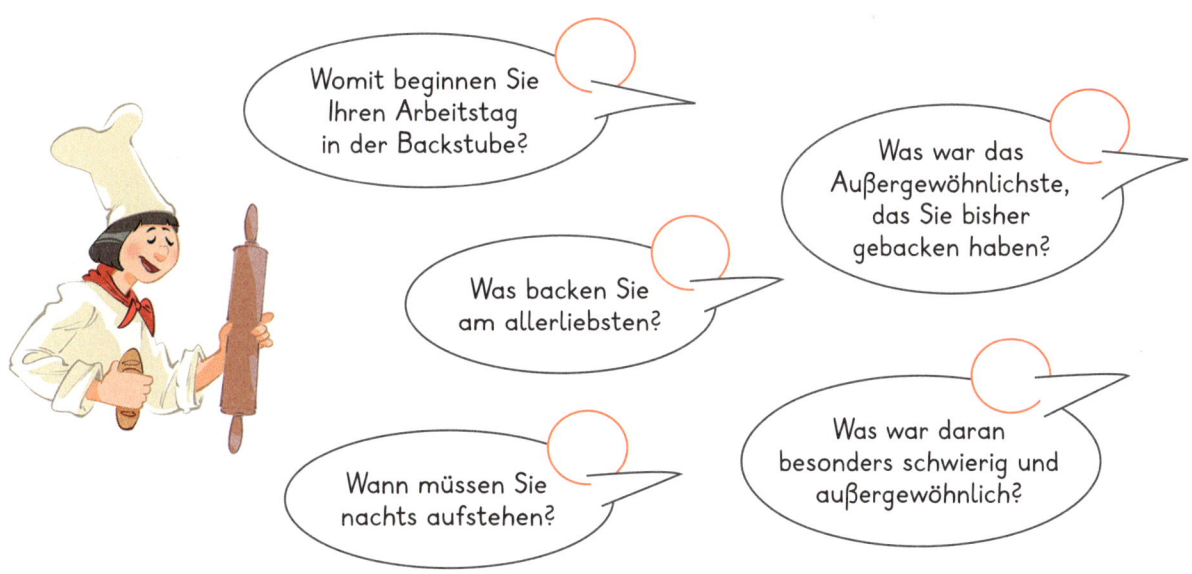

3 Formuliere drei weitere Fragen an die Bäckerin.

_____

_____

_____

› Textsorten kennenlernen: Interview   › Sprachbuch, Seite 103
› Schreibabsicht, Schreibsituation, Adressaten
   und Verwertungszusammenhang klären

85

 **1** Bereite dein Interview vor. Benutze den Schreibplan.

☐ Begrüßung _____

_____

☐ Aufgaben _____

_____

☐ Lieblingstätigkeit _____

_____

☐ Arbeitstag _____

_____

☐ Dauer _____

_____

☐ besondere Erlebnisse _____

_____

☐ _____

_____

☐ _____

_____

☐ Verabschiedung _____

_____

1 Lies das Interview zwischen Elsa und Frau Kehr.

Mögen Sie Ihren Beruf, Frau Kehr?	Ja, sehr.
Arbeiten Sie schon lange als Reinigungskraft?	Ja.
Sind Sie schon lange an unserer Schule?	Ja.
Ist es bei Ihnen zu Hause auch immer so sauber?	Na klar.
Hilft Ihnen zu Hause ein Staubsauger-Roboter?	Nein.
Ärgern Sie sich manchmal über unseren ganzen Dreck?	Hin und wieder schon.

2 Wieso konnte Elsa nur wenig über Frau Kehr erfahren?
Ergänze den Lückentext passend.

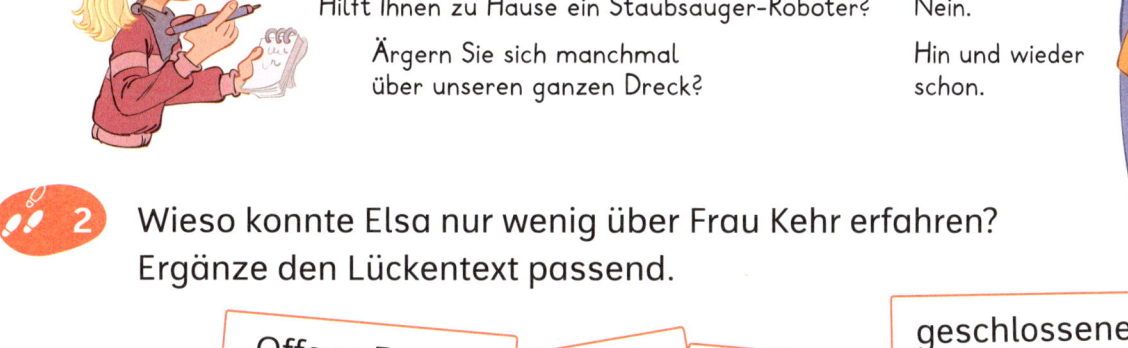

geschlossene

Offene Fragen   erzählen   Geschlossene Fragen   erfahren

offene

In einem Interview kann man _____ oder

_____ Fragen stellen.

_____ kann man mit Ja oder Nein

beantworten. _____ beginnen mit einem

Fragewort: Wer? Wie? Was? Wo? Warum? Wodurch?

Dadurch kann der Interviewpartner mehr _____

und man kann mehr über ihn _____.

3 Wie hätte Elsa ihre Fragen besser formulieren können? Schreibe sie um.

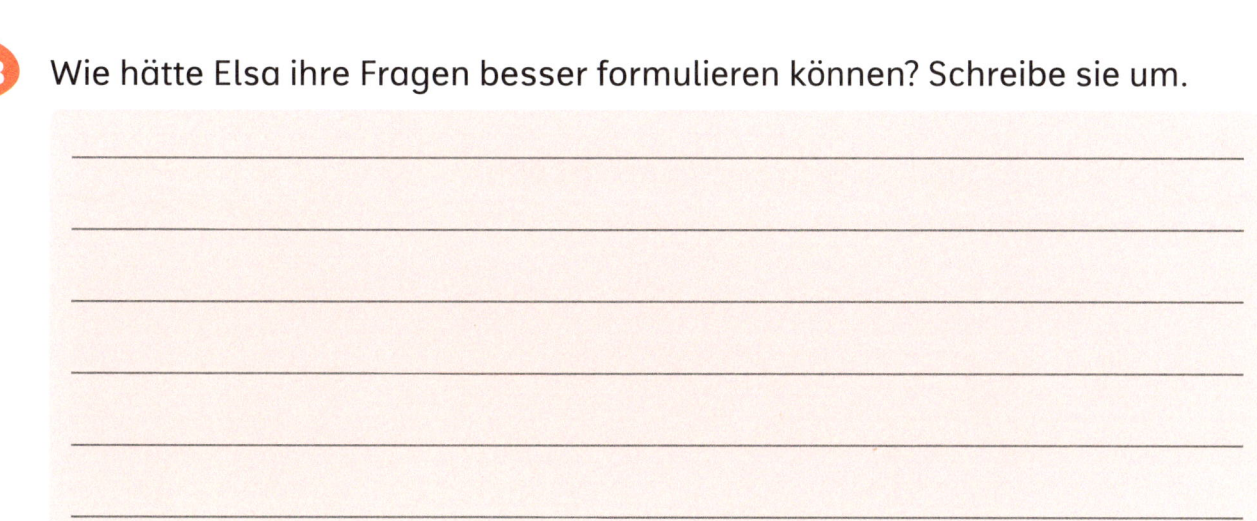

_____

_____

_____

_____

_____

_____

Ein Interview durchführen

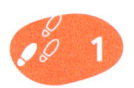

1 Lies die Antworten aus dem Interview mit Frau Brühl.

1. Ich bin noch nicht sehr lange hier an dieser Schule. Erst seit 2 Jahren.
2. Sport ist ein wichtiges Unterrichtsfach. Kinder brauchen auch Bewegung, da sie den ganzen Schultag hauptsächlich sitzen und arbeiten.
3. Am liebsten unterrichte ich Handball und Hockey.
4. Weil ich Ballsportarten für Kinder wichtig finde, da man im Team spielt und nicht allein ist.
5. In meiner Freizeit lese ich viel oder arbeite im Garten.
6. Ich jogge und schwimme auch gern.

2 Welche Fragen haben Elsa und Umut wohl gestellt? Schreibe zu jeder Antwort die passende Frage auf.

3 Was könntest du Frau Brühl noch fragen? Schreibe auf.

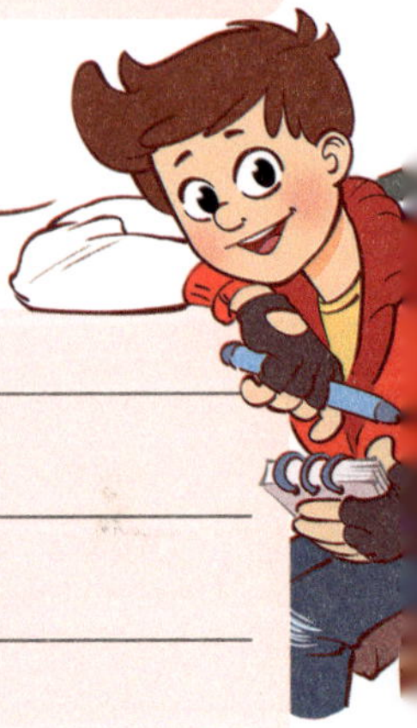
Denke an die verschiedenen Themenbereiche.

› offene Fragen kennen und anwenden
› Lerninhalte geordnet festhalten

› Sprachbuch, Seite 106

 **1** Lies das Interview zwischen Lulu, Paul und dem Schulkoch, Herrn Köstlich.

> Frage: Herr Köstlich, was mögen Sie an Ihrem Beruf?
> HK: macht Spaß etwas Leckeres zuzubereiten, andere freuen
>   sich über mein Essen, freut mich, wenn es anderen schmeckt
> Frage: Wie lange arbeiten Sie schon als Koch?
> HK: seit ungefähr 12 Jahren
> Frage: Haben Sie schon immer an unserer Schule gearbeitet
>   oder auch schonmal in einem Restaurant?
> HK: Ausbildung in einem Restaurant, dort mehrere Jahre
>   gearbeitet, seit 6 Jahren an der Schule
> Frage: Wie kam es dazu, dass Sie für Kinder kochen wollten?
>   gesunde Ernährung für Kinder wichtig

2 Schreibe aus den Antworten von Herrn Köstlich ganze Sätze.

_____

_____

_____

_____

_____

_____

_____

_____

_____

_____

_____

 **3** Führe den Rechtschreib-Check durch.

 **1** Lies halblaut und überlege, **wie** die Kinder sprechen.

Elsa freut sich: „Toll, dass wir zusammen eine Abschlusszeitung herstellen!"

Umut	_____	Wenn man nur nicht so viel schreiben müsste!
Lulu	_____	Wer wird unsere Zeitung wohl lesen?
Paul	_____	Ob wir rechtzeitig fertig werden?
Elsa	_____	Wir haben noch sehr viel Arbeit vor uns!
Umut	_____	Dann sollten wir jetzt gleich anfangen.
Lulu	_____	O.K. Elsa, komm! Wir gehen los.
Elsa	_____	Bin schon da. Auf geht's!

 **2** Vervollständige die Begleitsätze
mit Wörtern aus dem Wortfeld **sprechen**.
Setze auch die Zeichen
der wörtlichen Rede ein.

sich freuen   stöhnen   jammern
fragen   überlegen   rufen
auffordern   klagen   meinen
befehlen   murmeln   schimpfen

 **3** Bilde Sätze mit wörtlicher Rede.
Denke an den Begleitsatz und die Anführungszeichen.

Ich werde von allen Kindern Fotos machen.

Ich möchte gern noch Bilder zu den Artikeln malen.

Wer wird unsere Abschlusszeitung bekommen?

Wir brauchen unbedingt jemanden, der mit uns die Fehler verbessert!

› Satzzeichen setzen: Zeichen der wörtlichen Rede   › Sprachbuch, Seite 109
› unterschiedliche Satzarten kennen

 **1** Lies das Gespräch und unterstreiche die Begleitsätze.

Wie gefällt euch das Ende meiner Geschichte   fragt Moritz
Du solltest noch erklären, wie es zu der Auflösung
des Rätsels kam   schlägt Aaron vor
Ja und dann möchte ich noch wissen, wie es den Kindern
am Ende geht   meint Emil
Die beiden Vorschläge finde ich auch gut.
Verbessere beides   fordert Ferdi
Schade, dass wir nicht von allen Kindern Geschichten
veröffentlichen können   bedauert Anton
Aber dann wäre unsere Zeitung viel zu dick   lacht Moritz

 **2** Setze die Zeichen der wörtlichen Rede und die Satzschlusszeichen ein.

 **3** Bei einer Schreibkonferenz wird viel gesprochen.
Schreibe Sätze mit wörtlicher Rede und nachgestelltem Begleitsatz auf.

_____
_____
_____
_____
_____
_____
_____
_____

 **1** Setze die Zeichen der wörtlichen Rede und die Satzschlusszeichen ein.

Johanns Vater ruft bei Johanns Freund Kalle an und bittet ihn Sag doch bitte Johann, dass er nach Hause kommen soll Aber wir spielen gerade Warum denn so früh fragt Kalle erstaunt Da stöhnt der Vater Ich komme mit Johanns Hausaufgaben einfach nicht zurecht

 **2** Schreibe den Witz mit wörtlicher Rede auf.
Verwende vorangestellte und nachgestellte Begleitsätze.

 **1** Kreise auf jedem Bildschirm die beiden falsch getrennten Wörter ein.
Verbessere diese Wörter und schreibe sie richtig auf.

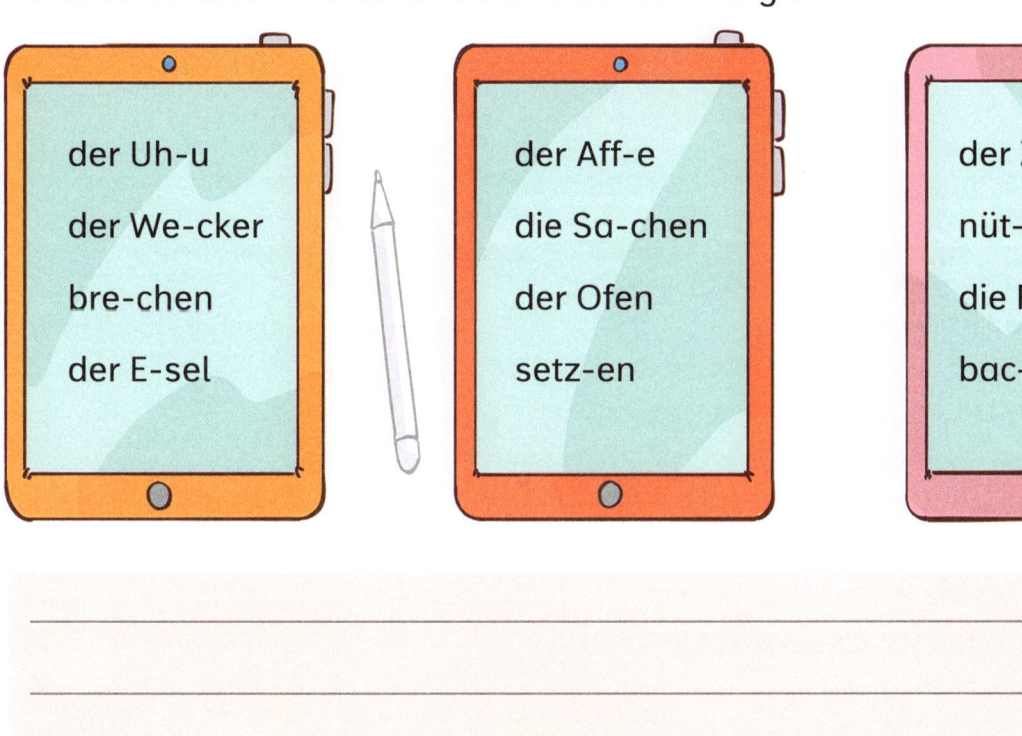

der Uh-u
der We-cker
bre-chen
der E-sel

der Aff-e
die Sa-chen
der Ofen
setz-en

der Zu-cker
nüt-zen
die Flasch-en
bac-ken

_____

_____

_____

_____

 **2** Trenne die Wörter nach Trennungsregeln. Schreibe sie auf.

> naschen Zuckerstange verpacken sitzen Igel Fische Hundefutter

_____

_____

 **3** Trenne die Wörter, die getrennt werden dürfen, sinnvoll.

Als Umut vorgestern Abend
auf seinem Skateboard flitzen
wollte, stürzte er unglücklich
an einer viel zu hohe Bordsteinkante
Er blieb zum Glück unverletzt,
jedoch riss seine Lieblingshose.
Einige Spaziergänger beobachteten
alles und eilten zur Hilfe.

flit-zen, _____

_____

_____

_____

_____

› Worttrennung am Zeilenende kennen
› Trennungsregeln kennen und verwenden
› über Fehlersensibilität verfügen

› Sprachbuch, Seite 112, 113

93

ÜBER MICH

Das ist mein Lieblingsdetektivkind: ....

....

....

Das war mein Lieblingsthema:

....

....

....

....

Das fand ich besonders lustig:

....

....

....

Das habe ich dieses Jahr mit Passwort Lupe gelernt:

....

....

Das ist mir nicht so leicht gefallen:

....

....

Das mochte ich gar nicht: ....

....

Darauf bin ich besonders stolz: ....

....

....

Das bin ich:

....

....

....

Diesen Text von mir finde ich besonders gut:

....

....

....

1 Kreise die Fehler ein und schreibe die Wörter richtig auf.

Die Kinder der vierten Klasse erstellen eine Abschluszeitung.   I

_____

Dafür machen sie ein Intervju mit ihrem Leerer.   II

_____

Sie befragen in nach seinen Lieblingfilmen und seinen Hobbys.   II

_____

Auf die Frage, warum er eigentlich nie beim Versteken mitspielt,   I
Antwortet der Sportlehrer: Würdet ihr mich denn suchen?"   II

_____

Bei der Abschluss Feier müssen alle enk zusammenrükken.   III

_____

Es gibt Teaterstücke zu sehen. Das wird ein Spass?   III

_____

2 Die Kinder befragen ihren Mathelehrer. Schreibe zwei Fragen und
zwei Antworten auf. Denke an die Redezeichen der wörtlichen Rede.

Die Kinder fragen _____ .

_____ , antwortet der Mathelehrer.

Die Kinder fragen _____ .

_____ , antwortet der Mathelehrer.

UNTER DER LUPE

 **1** **i** oder **ie**? Ergänze.

Kam___n	Br___f	P___lot	B___ber	K___nd
Pral___ne	T___ger	W___nd	Fl___ge	Rad___o
Gard___ne	S___b	Krokod___l	Ros___ne	P___nsel

 **2** Löse das Rätsel.

Dritter Monat: M   M ä r z

Australisches Beuteltier: M   _ _ _ _ _ _ _

Tag zwischen gestern und morgen: ω   _ _ _ _ _

Es ist nicht früh, sondern: M   _ _ _ _

Eine Schwellung am Kopf: ω   _ _ _ _ _

Das hängt am Mast eines Schiffes: ω   _ _ _ _ _

Lösung: R _____

 **3** Schreibe die Sätze im Präteritum und Perfekt auf.

1. Die Kinder fahren mit dem Bus.

_____

_____

2. Sie besuchen ein Museum.

_____

_____

4 Bilde eine Wortfamilie zu │ Spaß/spaß │ oder │ Steck/steck │.

_____

_____

› Rechtschreib- und Grammatikwissen anwenden
› grundlegende sprachliche Begriffe und Strukturen kennen
› Sprachbuch, Seite 116, 117